OPINION

D'UN JURISCONSULTE,

CONCERNANT LA CONFISCATION, LA VENTE DES BIENS DES ÉMIGRÉS, ET LA CONFIRMATION DE LA VENTE DE CES BIÈNS, PAR L'AUTORITÉ ROYALE.

> Sciendum est posse subditis jus quæsitum auferri, per Regem, ex vi supereminentis dominii : sed ut id fiat, primùm requiritur utilitas publica; deindè ut, si fieri potest, compensatio fiat ei qui suum amisit, ex communi. *Vid. Grotius, lib.* 2, *cap.* 14, §. 6.

PRIX : 2 fr. 50 cent.

PARIS,

CHEZ PÉLICIER, Libraire, Place du Palais-Royal.

1821.

AVERTISSEMENT.

—

La Consultation que nous livrons à l'impression n'était pas d'abord destinée à être rendue publique : on s'en apercevra à l'entière liberté avec laquelle l'Auteur s'exprime sur une matière que les immenses intérêts auxquels elle se rattache, rendent si délicate à traiter.

Cependant, les règles éternelles de la justice et les principes du droit public, conservateurs des sociétés, ne peuvent pas varier suivant les intérêts du moment; car tel qui les combat aujourd'hui pourra être obligé de les invoquer demain.

Dans la supposition où le Gouvernement jugerait à propos de présenter une loi d'indemnité en faveur des *propriétaires* dont les immeubles, confisqués et vendus pendant le cours de la révolution n'ont pas pu leur être restitués, comme l'ont

France, le pouvoir législatif et constituant que se sont arrogé les assemblées dites *nationales*, était un pouvoir usurpé et illégal (*a*), et que les actes émanés de ces assemblées, nuls en eux-mêmes, ne sont valables aujourd'hui que parce qu'ils ont été maintenus directement ou indirectement, depuis la restauration, par l'autorité légitime, pour cause d'intérêt public (*b*).

(*a*) « La révolution française, proprement dite, *fut* » *une usurpation;* et elle commença le jour même, où, » infidèles au mandat des ordres de l'État qu'ils repré- » sentaient, et s'appropriant violemment des pouvoirs » qu'ils n'avaient pas, les états-généraux *usurpèrent* » la puissance législative et souveraine, dont le Roi » Louis XVI, dans sa généreuse et vive sollicitude pour » le bonheur de son peuple, voulait, avec leur concours, » régler l'exercice. » (Extrait du *Moniteur*, du vendredi, 19 octobre 1821.) *Note de l'Éditeur.*

(*b*) « La Charte n'est pas une transaction ; elle est une » loi qui rétablit l'ordre dans le désordre, et fait suc- » céder le *droit* à la force. Dans les intérêts nés pendant » trente ans de l'absence même de l'ordre, elle est la » reconnaissance de ce qui est nécessaire à l'ordre même. » Ces intérêts, elle leur donne la force du *droit qu'ils* » *n'avaient point;* elle leur imprime le caractère qui » leur manquait, celui *de la légitimité* qui *les déclare* » *inviolables.* » (Extrait du *Moniteur* du 19 octobre 1821.) *Note de l'Éditeur.*

Sur la seconde question, que le Souverain légitime, en vertu du droit *de domaine éminent*, a pu déclarer et reconnaître qu'il était de l'intérêt public de maintenir les ventes des biens des émigrés, quoique ces ventes ne reposent que sur des confiscations illégales, mais que le droit de propriété, qui n'a point cessé d'appartenir aux anciens propriétaires dépossédés, n'a pu être anéanti définitivement par l'autorité légitime, qu'à la charge de les indemniser.

La première question exige, pour recevoir une solution complète, l'examen et la discussion de trois autres questions.

1° Quelle est la nature du pouvoir dont la première des assemblées nationales était investie par le droit public de la France, et par les cahiers de ses commettans ; et quelle autorité appartient aux actes des autres assemblées nationales ?

2° Ces assemblées ont-elles pu légalement confisquer les biens des émigrés ?

3° Les lois qui ont prononcé la confiscation des biens, pour cause d'émigration ou pour toute autre cause, étaient-elles irrévocables ? Depuis la restauration, les effets de ces lois, à l'égard des propriétaires dépossédés , subsistent-ils par le droit dont les auteurs de ces lois étaient investis , ou seulement par la confirmation que le légitime Souverain leur a donnée pour le passé, et dans l'intérêt public ?

L'examen et la discussion de ces trois questions, seront la matière des trois paragraphes suivans.

§ Ier

De la nature du pouvoir dont la première assemblée nationale était investie par l'ancien droit public de France, et par les cahiers de ses commettans ; et du degré d'autorité qui appartient aux lois et actes des autres assemblées.

La première des assemblées nationales de France, la seule dont , jusqu'à la restauration , la *convocation* ait été légale et régulière, et qui s'est appelée *assemblée constituante*, fut convoquée par le roi Louis XVI, dans l'ancienne forme usitée des états-généraux du royaume. Parmi les jurisconsultes et les publicistes, qui ont écrit sur les droits des états-généraux, nous citerons le passage suivant de Guy - Coquille,

qui a été député du tiers-état aux états-généraux
tenus à Orléans et à Blois. « Quand les rois
» veulent ordonner lois perpétuelles , impor-
» tantes à l'état du royaume , ils ont accoutumé
» de convoquer les trois ordres de leur peuple,
» qu'on appelle *états* , et sont l'église, la no-
» blesse, et les bourgeois dits le tiers-état. En
» chacune province sont élus aucuns person-
» nages desdits trois ordres, auxquels tout le
» peuple desdits trois ordres donne pouvoir de
» représenter le corps dudit peuple ès états-
» généraux, y proposer les articles dont les ca-
» hiers leur sont donnés, et accorder ce qu'ils
» verront bon être. Ès dits états-généraux, le
» Roi propose la cause pour laquelle il a appelé
» son peuple, et commande aux députés de
» s'assembler, conférer entr'eux , et dresser des
» cahiers généraux. Le Roi séant en son trône
» de majesté royale est assisté des princes de son
» sang, des pairs de France, tant lais qu'ecclé-
» siastiques , et des officiers-généraux de la
» couronne ; *oit* les propositions qui lui sont
» faites de vive voix par les orateurs de chacun
» ordre, et après avoir reçu leurs cahiers, or-
» donne lois qui sont dites lois faites par le Roi
» tenant ses états, qui sont lois stables et per-

» manentes, et qui par raison sont irrévocables,
» sinon qu'elles soient changées en pareille cé-
» rémonie de convocation des états. Toutefois
» plusieurs rois s'en sont dispensez. » Voyez
Coquille, *Institution au droit Français*, du
droit de Royauté.

Les états-généraux du royaume légalement
convoqués n'avaient aucune participation à la
puissance législative, qui résidait toute entière
dans la personne du Roi : ils exprimaient les
besoins et les doléances des peuples, et le Roi
prononçait ensuite dans sa haute sagesse et dans
sa justice ce qu'il croyait convenable, « et en
» cela, dit Bodin, liv. I, chap. 8, se cognoist
» la grandeur et la majesté d'un vray prince
» souverain, quand les estats de tout le peu-
» ple sont assemblés, présentant requeste et
» supplications à leur prince en toute humilité,
» sans avoir aucune puissance de rien com-
» mander ni décerner, ny voix délibérative :
» ainsi ce qu'il plaît au Roi de consentir ou dis-
» sentir, commander ou défendre, est tenu par
» luy pour édict, pour ordonnance. En quoi
» ceux qui ont écrit du devoir des magistrats
» et autres livres semblables, se sont abusés de
» soustenir que les estats du peuple sont plus

» grands que le prince, chose qui fait révolter
» les vrais sujets de l'obéissance qu'ils doivent
» à leurs souverains, et n'y a raison ni fon-
» dement quelconque en cette opinion-là.

» Aussi voit-on qu'en l'assemblée des estats de
» ce royaume tenus à Tours, alors que le Roi
» Charles VIII estoit en bas âge, et que les es-
» tats estoient plus autorisés que jamais, *Relly*,
» orateur portant la parole pour tous les estats,
» commença ainsi : Très-haut, très-puissant,
» très-chrétien Roy, notre Souverain et naturel
» seigneur, vos humbles et très-obéissants su-
» jets, etc., venus icy par vostre commande-
» ment, comparoissent, et se présentent devant
» vous en toute humilité, révérence et sub-
» jection, etc., et m'est enchargé de par toute
» cette notable assemblée vous exposer le bon
» vouloir, l'affection cordiale, le ferme et ar-
» resté propos qu'ils ont à vous servir et obéir,
» et subvenir en toutes vos affaires, commande-
» mens et bons plaisirs : bref, tout le discours
» et narré des estats ne porte que subjection,
» service et obéissance. » On voit le semblable
» aux états d'Orléans.

» Aussi les estats d'Angleterre ne sont jamais
» assemblés, non plus qu'en ce royaume et

» qu'en Espagne, que par lettres-patentes, et
» mandemens exprès émanés du Roy, qui mon-
» tre bien que les estats n'ont aucun pouvoir de
» rien décerner, ny commander, ny arrester,
» veu mesmes qu'ils ne se peuvent assembler
» ny se départir sans mandement exprès. »

Les députés de l'église, de l'ordre de la noblesse et du tiers-état aux états-généraux de
1789, étaient des mandataires dont les pouvoirs
avaient une double limite, hors de laquelle
tous leurs actes étaient nuls.

D'une part, ils étaient soumis dans l'exercice
de leur mandat aux maximes du droit public
du royaume, c est-à-dire, que leurs cahiers ou
leurs mandats ne pouvaient contenir rien de
contraire aux lois fondamentales du royaume :
les états-généraux et le Roi lui-même étaient
légalement, et suivant les principes les plus
constans du droit public français, dans l'impuissance de les changer; c'est encore ce qu'enseigne Bodin, que nous venons de citer : liv. I,
chap. 8. « Quant aux lois qui concernent l'état
» du royaume, et de l'établissement d'iceluy,
» d'autant qu'elles sont annexées et unies avec
» la couronne, le prince n'y peut déroger,
» comme est la loy salique; et, quoi qu'il

» fasse, toujours le successeur peut casser ce qui
» aura été fait au préjudice des lois royales, et
» sur lesquelles est appuyée et fondée la majesté
« souveraine. »

Un des plus célèbres publicistes modernes, *Vatel*, tom. I, ch. 3, § 24, qui a écrit deux siècles après Bodin, proclame les mêmes principes : « la nation, dit-il, peut confier l'exercice
» de la *puissance législative* au prince ou à
» une assemblée, ou à cette assemblée et au
» prince conjointement, lesquels sont dès-lors
» en droit de faire des lois nouvelles et d'ab-
» roger les anciennes. On demande si leur
» pouvoir s'étend jusque sur les lois fondamen-
» tales, s'ils peuvent changer la constitution
» de l'État? Les principes que nous avons po-
» sés nous conduisent certainement à décider
» que l'autorité de ces législateurs ne va pas si
» loin, et que les lois fondamentales doivent
» être sacrées pour eux, si la nation ne leur a
» pas donné très-expressément le pouvoir de les
» changer ; car la constitution de l'État doit
» être stable, et puisque la nation l'a premiè-
» rement établie, et qu'elle a ensuite confié la
» *puissance législative* à certaines personnes,
» les lois fondamentales sont exceptées de leur

» commission. On voit que la société a seule-
» ment voulu pourvoir à ce que l'État fût tou-
» jours muni de lois convenables aux conjonc-
» tures, et donner pour cet effet aux législateurs
» le pouvoir d'abroger les anciennes lois civiles
» et les lois politiques non-fondamentales, et
» d'en faire de nouvelles : mais rien ne conduit
» à penser qu'elle ait voulu soumettre la cons-
» titution même à leur volonté. Enfin, c'est de
» la constitution que ces législateurs tiennent
» leur pouvoir, comment pourraient-ils la
» changer, sans détruire le fondement de leur
» autorité ? Par les lois fondamentales de l'An-
» gleterre, les deux Chambres du Parlement,
» de concert avec le roi, exercent la puissance
» législative. S'il prenait envie aux deux Cham-
» bres de se supprimer elles-mêmes et de re-
» vêtir le roi de l'empire plein et absolu, cer-
» tainement la nation ne le souffrirait pas. »

On est donc autorisé à conclure des principes du droit public français, et du droit public de toutes les nations, que le Conseil vient
de retracer, que, quelque généraux que fussent
les cahiers ou les mandats des députés aux états
de 1789, les pouvoirs de ces députés ne s'éten-
daient pas jusqu'à changer les lois fondamen-

tales de la Constitution du royaume ; et comme ces lois n'attribuaient aux états-généraux aucune participation à la puissance législative, que leurs droits se bornaient, suivant les expressions de Bodin citées plus haut, « à présenter requête et supplications au Roi en toute » humilité, sans avoir aucune puissance de » rien commander, ny décerner, ny voix délibérative, » il en résulte par une conséquence nécessaire, que les états-généraux de 1789, en se constituant *assemblée nationale* (c), et peu de temps après, en dépouillant le Roi, comme on doit s'en souvenir, de toute sa puissance législative, ont commis une usurpation de pouvoir, qui suffit pour frapper de nullité tous les actes qui sont émanés de cette assemblée (*d*).

(c) « On ne peut nier que l'assemblée nationale n'ait usurpé toute la puissance législative, à dater du moment où elle ne conféra au Roi qu'une sanction suspensive, dont elle se réserva même le droit de le dépouiller à volonté, par ce qu'elle appelait un décret d'urgence. » *Note de l'Éditeur.*

(*d*) « La révolution commença donc à l'instant même, » où violant le mandat qu'ils tenaient de leurs ordres et » du *prince*, les états-généraux commencèrent par dé- » pouiller le Roi de ses droits et de son autorité. » (Extrait du *Moniteur* du 19 octobre 1821.) *Note de l'Editeur.*

D'une autre part, les pouvoirs des députés ne pouvaient avoir d'autres bases que les lois et constitutions du royaume, ou les cahiers qui avaient été rédigés dans les bailliages ou dans les assemblées qui les avaient nommés.

D'après les lois et constitutions du royaume, les états-généraux étaient composés des députés ou mandataires des trois ordres, l'église, la noblesse et le tiers-état; or, les députés de chacun de ces ordres n'ont pas pu consentir à la suppression de l'ordre dont ils étaient les représentans et duquel ils tenaient leur mandat; car, c'est un principe du droit que le mandat prend fin par la mort du mandant, *mandatum solvitur morte leg*. 26 ff. *mandat*, et le mandat donné par un corps ou par un ordre de l'Etat, qui est considéré comme une personne morale, *municipium et decuria personæ vice funguntur. Leg. mortuo* 22 *fi. de fide juss. et mandat.* prend fin lorsque ce corps est dissous ou a cessé d'exister. De là il suit que les mandats des députés aux états-généraux ont cessé du moment où les états s'étant constitués en assemblée nationale, les trois ordres de l'État ont été dissous; et que, pour que les délibérations de cette assemblée fussent légales, il aurait fallu que les pouvoirs de ses membres eussent été renouvelés.

Enfin, c'est encore un autre principe du droit, que le mandataire doit se renfermer strictement dans les limites de son mandat, et que tout ce qu'il fait hors de ces limites est nul, et n'oblige pas le mandant, par la raison que le mandataire, qui excède les bornes de son mandat, est réputé faire autre chose que ce qui a été l'objet du mandat, *qui excessit fines mandati, aliud quid facere videtur leg. 5. ff. mandat.* Or, dans le droit, les cahiers des députés aux états-généraux n'auraient pas pu contenir le mandat de changer les lois fondamentales du royaume; on l'a prouvé: dans le fait, ces cahiers, à l'exception de ceux de quelques bailliages, qui chargeaient leurs députés de demander une constitution, tels que le bailliage de Meaux, ne contenaient point un pareil mandat, et pour que les mandats de cette nature eussent pu être obligatoires pour toute la France, il aurait été nécessaire que tous les cahiers eussent été unanimes sur ce point fondamental de changer la constitution du royaume; ce principe est encore enseigné par *Vatel.* « Si la na-
» tion, dit-il, se trouve mal de sa constitution

» même, elle est en droit de la changer ; il n'y
» a aucune difficulté, au cas que la nation se
» porte *unanimement* à ce changement. »
Vatel, liv. I, chap. 3, § 33.

De là ces conséquences :

1° La première assemblée, dite *assemblée
nationale constituante*, n'avait, d'après les
maximes de l'ancien droit public français, et
d'après la majorité des mandats ou cahiers de
ses commettans, d'autres pouvoirs que celui de
présenter au Roi des doléances ; elle n'avait aucun pouvoir législatif.

2° Lés lois de cette assemblée, même celles
qui ont été revêtues d'abord de la sanction
royale, sont nulles, comme provenant d'une
assemblée, dont les membres n'avaient qu'un
pouvoir usurpé ; ensuite, par le défaut de
liberté dans l'exercice de la sanction royale,
liberté sans laquelle le Roi ne pouvait être considéré comme législateur.

3° Les lois et actes de la première assemblée nationale étant irréguliers et nuls, par
l'usurpation de pouvoir dont cette assemblée
s'est rendue coupable, les lois et actes émanés
des assemblées qui lui ont succédé, sont égale-

ment nuls dans la sévérité des principes de l'ancien droit public de la France : c'est ce qui a été solennellement reconnu et déclaré par les pairs de France, dans leur déclaration donnée à Bruxelles, le 16 avril 1792. Voyez *le Développement des principes fondamentaux de la Monarchie française, in-8°*, 1795.

Les inconvéniens graves, les conséquences désastreuses qui résulteraient de la nullité de tous les actes du Gouvernement, depuis la première assemblée nationale jusqu'à la restauration, ne doivent pas empêcher de reconnaître, en principe, cette nullité des actes émanés d'assemblées qui n'avaient qu'une autorité illégale et usurpée, parce qu'il est facile de concilier ce que peuvent réclamer l'utilité publique et le maintien des actes faits de bonne foi avec le principe de la légitimité. C'est ainsi que Sa Majesté date les premiers actes de souveraineté par elle faits en France de la dix-neuvième année de son règne, ce qui suppose nécessairement que dans Sa Majesté seule résidait l'autorité légitime souveraine pendant son absence du royaume; et que, par tous les actes de gouvernement et d'administration postérieurs à la restauration, elle a maintenu tous les actes et toutes les dispositions des Gouvernemens de fait, dont l'autorité avait été jusque-là reconnue en France.

C'est ainsi que le droit civil lui-même maintient, pour cause d'utilité publique, des actes qui sont nuls dans la rigueur du droit, mais qui ont été faits de bonne foi et dans une erreur commune. La loi 3 ff. *de offic.-præt.*, qui est du jurisconsulte Ulpien, en fournit un exemple : Un esclave fugitif ayant demandé et obtenu la préture à Rome, il fut question de décider si les actes publics, qu'il avait faits pendant l'exercice de la préture, seraient déclarés nuls, ou si, au contraire, ces actes seraient maintenus, *propter utilitatem eorum, qui apud eum egerunt, vel lege vel quo alio jure*, et le jurisconsulte Ulpien décida que les actes devaient être maintenus.

En Angleterre, lors de la restauration de Charles II, tous les actes publics qui avaient été faits pendant le Gouvernement de la république, furent ratifiés par le Roi, comme ne tenant leur force et leur autorité que de cette ratification que leur donna l'autorité royale, par des raisons supérieures d'intérêt public.

« Toutes les sentences et procédures judi-

» ciaires passées au nom de la république et du
» protecteur, furent ratifiées par une nouvelle
» loi; et les Chambres, reconnaissant le crime
» de la révolte, en leur propre nom, comme
» à celui de tous les sujets, acceptèrent le gra-
« cieux pardon de Sa Majesté.» (*Hume. Histoire
de la maison de Stuart*, année 1660).

Peut-être un acte semblable aurait-il dû être
passé en France, lors de la première restauration : il aurait concilié le principe de la légitimité avec ce que l'intérêt public et les droits
acquis de bonne foi par des tiers auraient pu
commander.

§ II.

*En supposant aux assemblées nationales
le pouvoir légal qu'elles n'avaient pas,
ces assemblées auraient-elles pu légalement
confisquer les biens des émigrés ?*

Cette seconde question doit être examinée
d'après le droit des gens et le droit public de
toutes les nations, et d'après le droit particulier
de la France.

Suivant Grotius, chacun est libre de choisir

la cité dans laquelle il veut fixer son établissement, ce qui suppose le droit de quitter la société dont il a fait partie jusqu'alors. (*Vid.* Grotius, lib. 2, c. 5, § 24, n° 2.) Cette décision de
Grotius est fondée sur les lois romaines, *de
suâ cuique civitate statuendi facultas libera
est leg.* 12, § 9, *ff. de captiv. et post limium.*
Cicéron, dans son oraison pour Balbus, fait l'é-
loge du droit qu'a tout citoyen de ne pouvoir être
contraint de demeurer malgré lui membre de
la cité, droit qu'il appelle *fundamentum li-
bertatis sui quemque juris et retinendi et
dimittendi esse dominum.*

Puffendorf, liv. 8, chap. 11, § 2, enseigne
aussi que, à moins d'une convention contraire,
il y a lieu de présumer que toute personne libre, en entrant dans une société civile, s'est
tacitement réservé la permission d'en sortir
quand elle voudrait, et qu'elle n'a pas prétendu
s'assujétir à demeurer toute sa vie dans un certain pays.

Platon dit qu'à Athènes il était permis à
chaque particulier, après avoir examiné les lois
et les constitutions de la république, s'il n'y
trouvait pas son compte, de se retirer ailleurs,

où il lui plairait, avec tout son bien. (Voyez
le Criton.)

Vatel, liv. I, chap. 19, § 224, établit les
mêmes principes. « Ceux qui quittent leur pa-
» trie, dit-il, pour quelque raison légitime, dans
» le dessein de s'établir ailleurs, s'appellent
» *émigrans ;* ils emportent tous leurs biens avec
» eux, et emmènent leurs familles. »

§ 225. « Leur droit d'émigration peut venir
» de diverses sources : 1° dans les cas que nous
» venons de toucher, § 223 (nous parlerons
» plus bas de ces cas), c'est un droit naturel
» qui leur est certainement réservé dans le pacte
» même d'association civile.

» 2° L'émigration peut être assurée aux ci-
» toyens, en certains cas, par une loi fonda-
» mentale de l'État. »

La Constitution de 1791, quel que fût son
vice radical résultant du défaut de pouvoirs de
ses auteurs, avait rendu hommage à ces principes, et les avait consacrés d'une manière
expresse, sur la motion du célèbre Mirabeau :
le titre premier, art. 1, portait : « la Constitu-
» tion garantit, comme droits naturels et civils,
» la liberté à tout homme, d'aller, de rester,

» de partir, sans pouvoir être arrêté, ni dé-
» tenu, que selon les formes déterminées par la
» Constitution. »

Une loi du 15 septembre 1791 (art. 5),
avait en conséquence décidé « qu'il ne serait
» plus exigé aucune permission ou passe-ports,
» dont l'usage avait été momentanément établi.
» Le décret du 1ᵉʳ août dernier, relatif aux
» émigrans, dit cette loi, est révoqué, et,
» conformément à la Constitution, il ne sera
» plus apporté aucun obstacle au droit de tout
» citoyen français de voyager librement dans le
» royaume, et d'en sortir à volonté. »

Ainsi, soit d'après le droit des gens et le droit
public de toutes les nations, soit d'après le droit
public particulier à la France, soit même d'a-
près la Constitution et les lois nouvelles, il était
libre aux Français d'émigrer, d'abandonner la
France, sans encourir la peine de la confiscation
de leurs biens, sans cesser de conserver la propriété des biens qu'ils avaient laissés en France.

Sous un autre rapport, le droit des émigrés de
quitter le royaume, en conservant la propriété
de leurs biens, ne peut être contesté.

Vatel, liv. 1, chap. 3, § 3, examinant cette

importante question: si une nation, qui se trouve mal de sa Constitution , peut la changer? décide qu'il n'y a nulle difficulté, au cas que la nation se porte *unanimement* à ce changement ; mais il se demande ce qui doit s'observer, en cas de partage; et il pense que toutes les fois qu'il n'y a rien dans les changemens faits à la Constitution de l'État, que l'on puisse regarder comme contraire à l'acte même d'association civile , à l'intention de ceux qui se sont unis, tous seront tenus de se conformer à la résolution du plus grand nombre. « Mais il ajoute que, s'il était
» question de quitter une forme de gouverne-
» ment, à laquelle seule il paraîtrait que les ci-
» toyens ont voulu se soumettre, en se liant par
» les nœuds de la société civile; si la plus grande
» partie d'un peuple libre, à l'exemple des
» Juifs du temps de *Samuel*, s'ennuyait de
» sa liberté, et voulait la soumettre à l'empire
» d'un monarque, les citoyens plus jaloux de
» cette prérogative, si précieuse à ceux qui l'ont
» goûtée, obligés de laisser faire le plus grand
» nombre, ne le seraient point du tout de se
» soumettre au nouveau gouvernement : ils
» pourraient quitter une société , qui semble-
» rait se dissoudre elle-même, pour se repro-

» duire sous une autre forme; ils seraient en
» droit de se retirer ailleurs, de vendre leurs
» terres et d'emporter tous leurs biens. »

Dans le chapitre 19, § 223 du même livre,
Vatel développe les mêmes principes en d'autres termes. « Il est des cas, dit ce publiciste,
» dans lesquels un citoyen est absolument en
» droit, par des raisons prises du pacte même
» de la société politique, de renoncer à sa patrie
» et de l'abandonner.

» Si le corps de la société ou celui qui le
» représente manque absolument à ses obliga-
» tions envers un citoyen, celui-ci peut se re-
» tirer. Car, si l'un des contractans n'observe
» point ses engagemens, l'autre n'est plus tenu
» à remplir les siens, et le contrat est réciproque
» entre la société et ses membres. C'est sur ce
» fondement que l'on peut aussi chasser de la
» société un membre qui en viole les lois.

» Si la majeure partie de la nation, ou le sou-
» verain qui la représente veut établir des lois
» sur des choses, à l'égard desquelles le pacte
» de la société ne peut obliger tout citoyen de
» se soumettre, ceux à qui ces lois déplaisent
» sont en droit de quitter la société, pour s'éta-
» blir ailleurs. »

Ces principes enseignés par Vatel, et qu'on peut regarder comme les fondemens de toute association civile, s'appliquent parfaitement aux émigrés.

Car, quand bien même le pouvoir de la première assemblée nationale et des assemblées subséquentes n'aurait pas été un pouvoir *illégal et usurpé*, comme ces assemblées changeaient la forme du gouvernement de la France, ceux à qui ces changemens déplaisaient avaient certainement le droit de quitter la société pour s'établir ailleurs.

Ce n'est pas tout encore : ou il faut reconnaître que la première assemblée nationale et les assemblées subséquentes n'avaient qu'un pouvoir illégal et usurpé ; et alors les lois de confiscation des biens des émigrés, émanées de ces assemblées, sont nulles et de nul effet : ou ces assemblées avaient un pouvoir légal, légitime ; et les lois qu'elles ont rendues sont obligatoires. Et, dans cette hypothèse encore, dans laquelle on se placera pour un moment, les lois de confiscation portées contre les émigrés ne seraient pas mieux justifiées. Une loi du 21 janvier 1790 (art 3) avait aboli la confiscation de biens des condamnés, et avait défendu de la prononcer en aucun cas. Ainsi cette assemblée dite *constituante* s'était interdit à elle-même, avait interdit aux assemblées qui pourraient lui succéder le pouvoir de prononcer la confiscation en aucun cas (*e*).

Si la confiscation avait été légalement abolie, si l'assemblée constituante avait légalement déclaré que toute confiscation à l'avenir était interdite, comment a-t-elle pu être rétablie par les lois qui ont ultérieurement prononcé celle des biens des émigrés?

Le Conseil ne dissimulera pas que, aux raisons qu'il vient de donner, et qui sont tirées du droit des gens et du droit public général et commun, qui permet à un citoyen d'abandonner la cité; de la loi du 14 septembre 1791 qui a décalré et reconnu ce droit; et de celle du 21 janvier 1790, qui a aboli la confiscation, on pourrait opposer que les lois contre les émigrés sont fondées sur un autre principe que celui de la confiscation; que ces lois ont consideré les émi-

(*e*) On est redevable de l'idée [de l'abolition de la confiscation à M. *Bergasse,* qui proposa cette abolition, dans son célèbre rapport sur l'autorité judiciaire, (1789). (*Note de l'Éditeur.*)

grés comme des ennemis ; qu'elles les ont assimilés aux ennemis avec lesquels la république était alors en guerre ; et que le droit de la guerre donne le droit de s'emparer des biens appartenans à l'ennemi. (V. Grotius, lib. 3, cap. 4, *num* 2). L'État qui fait une guerre juste a en effet le droit de priver l'ennemi de ses biens, de tout ce qui peut augmenter ses forces et le mettre en état de faire la guerre. (Vatel, liv. 3, chap. 9 , § 161). Il peut donc s'emparer des meubles et des immeubles appartenans à l'ennemi ou aux sujets de l'ennemi ; mais, en admettant que ces principes fussent applicables à tous les émigrés , même aux vieillards , aux femmes et aux enfans , il faut observer qu'il y a cette différence importante entre les meubles et les immeubles , que la propriété des choses mobiliaires est acquise à l'ennemi du moment qu'elles sont en sa puissance, et que s'il les vend chez des nations neutres, le premier propriétaire n'est pas en droit de les revendiquer. (Voy. Grotius lib. 3, cap. 6, § 3), les immeubles, au contraire, ne sont acquis à l'Etat qui s'en empare, et les propriétaires ne sont irrévocablement désaisis de leur droit de propriété, que par l'abandon qui en est fait dans le traité de paix , ou par l'entière soumission et extinction de l'État, dont les sujets ont été chassés de leurs propriétés envahies pendant la guerre. (*Vid.* Grotius, *ut sup.*, § 4.) Et il résulte de cette différence que, quand bien même on admettrait que la confiscation des biens des émigrés aurait été prononcée par une autorité légitime contre des sujets qui se seraient armés contre leur patrie et contre leur légitime souverain, la paix mettant fin à la guerre, les immeubles confisqués devraient être rendus à leurs légitimes propriétaires. C'est au reste ce qui s'est pratiqué dans les célèbres traités de paix de Nimègue, (art. 5), de Riswich, (art. 46), d'Utrecht, (art. 2.), de Rastadt, (art. 5).

Ces traités de paix ont consacré ce grand principe du droit naturel , la restitution des biens enlevés aux propriétaires, même avec des formes justes, en apparence, où du moins reconnues et usitées entre les nations.

Des sujets s'étaient armés contre leur patrie ; leurs biens avaient été saisis, confisqués, réunis au domaine , vendus ou concédés par la puissance belligérante , dans les États de laquelle ces biens étaient situés ; plusieurs de ces sujets, dont les biens avaient été vendus en vertu de l'autorité publique, désespérant de recouvrer jamais leurs biens, avaient traité avec les possesseurs et avaient consenti à faire l'abandon d'une partie de leurs biens pour conserver l'autre.

Ces ventes, ces ratifications étaient faites par les ordres ou sous l'autorisation d'une puissance légitime, souveraine, non contestée, qui usait du droit de la guerre, d'après les principes avoués et reconnus par le droit des gens ; et on pouvait prétendre que le rétablissement de la paix entre les puissances belligérantes n'avait rien de commun avec le sort des propriétés particulières qu'un sujet égaré ou mécontent avait perdues plutôt par sa faute, que par la faute des circonstances.

Cependant, par les célèbres traités de paix qu'on a rappelés, traités où reposent, sous la garde du droit naturel et des gens, les principes immuables conservateurs de la propriété et de la perpétuité des familles, seuls garant de la stabilité des empires, tous les sujets des puissances respectives furent restitués dans tous leurs biens ; on annula tous les actes contraires qui auraient pu être faits, soit par le fisc, soit par les acquéreurs; on n'eut même aucun égard aux traités que les sujets, dont les biens avaient été confisqués, auraient pu faire avec ceux qui les possédaient; parce qu'on pensa, avec raison, que ces actes dictés par la force et souscrits par la crainte ou par le besoin, manquaient du consentement libre, qu'aux yeux de la loi rien ne peut remplacer.

Ainsi, quand on voudrait donner pour base à la confiscation des biens des émigrés le droit de la guerre (ce qui d'abord ne pouvant autoriser que les confiscations faites sur les émigrés qui auraient porté les armes, réduirait déjà considérablement le grand nombre des Français auxquels les lois de confiscation auraient pu être applicables, et laisserait subsister la nullité des confiscations à l'égard des Français émigrés qui n'ont pas porté les armes contre les armées de la république), ce droit ne s'étendrait pas jusqu'à la confiscation des immeubles; il n'aurait donné, même au Souverain légitime, contre les sujets armés contre lui, que le droit de séquestrer les immeubles et non de les vendre; et à la paix, ces immeubles auraient dû être rendus aux propriétaires, qui avaient moins été dépouillés de leur droit de propriété sur les immeubles confisqués pendant la guerre, qu'ils n'en avaient été privés momentanément. On peut citer comme ayant consacré ces principes l'arrêt rendu par la Cour de cassation, conformément aux conclusions de M. l'Avocat-général Cahier, le 11 décembre 1816, dans l'affaire du prince de Looz Corswaren, contre le sieur Seguin. (Voyez le *Journal du Palais*, tome I, année 1817.)

En résumé, le conseil estime sur cette seconde question, ou plutôt sur cette deuxième branche de la première question, que la confiscation des biens des émigrés, prononcée par les lois des assemblées nationales, a été prononcée illégalement; que ces lois n'ont pas pu valablement enlever aux émigrés la propriété de leurs biens pour la transférer à la nation; et que le Gouvernement qui n'avait qu'une possession illégale de ces biens n'a pu en transmettre aux acquéreurs la propriété qu'il n'avait pas, suivant la règle de droit *nemo plus juris in alium transferre potest quam ipse habet, leg. 54, ff. de regul. jur.*

§ III.

Les lois qui ont prononcé la confiscation des biens des émigrés étaient-elles irrévocables ? Depuis la restauration, les effets de ces lois, à l'égard des propriétaires dépossédés, susbsistent-ils par le droit dont les auteurs de ces lois étaient investis, ou seulement par la confirmation que le légitime souverain a donnée à ces lois, pour le passé, à l'égard des tiers, et dans l'intérêt public ?

C'est d'abord un point de fait incontestable, que les confiscations prononcées par les lois révolutionnaires n'étaient pas irrévocables. Indépendamment de la loi de la convention nationale du 18 prairial an 3, qui a restitué aux familles des condamnés révolutionnairement, les biens confisqués sur ces condamnés, il est notoire que le dernier gouvernement, en vertu du sénatus-consulte d'amnistie de l'an 10, a restitué aux émigrés, ou à leurs familles, leurs biens confisqués non vendus, à l'exception des bois d'une certaine étendue qui ont été réunis aux forêts nationales ; et même qu'un grand nombre de familles ont obtenu du chef du dernier gouvernement la remise de ces bois.

Depuis la restauration, la loi du 5 décembre 1814 a fait aux émigrés la remise de tous leurs biens non vendus, que le sénatus-consulte d'amnistie de l'an 10 avait exceptés de la remise. Qui peut douter que, s'il n'y avait pas eu de ventes faites par l'Etat des biens des émigrés, si tous les biens confisqués s'étaient retrouvés en nature entre les mains de la nation, ils auraient tous été rendus à leurs anciens propriétaires, soit en l'an 10, soit depuis la restauration? Qui doute, qu'on n'aurait pas mis en question si la remise des biens était une remise de grace ou de justice? qui doute, que la confiscation des biens n'eût été considérée que comme une appréhension de fait temporaire, et la remise des biens comme une simple main-levée d'un séquestre illégal et d'une détention illégitime de la part des gouvernemens de fait, qui avaient usurpé l'autorité légitime? pourquoi? parce qu'on a reconnu l'injustice, l'illégalité des confiscations : car si ces confiscations eussent été légales, les biens en provenant, que les lois de la confiscation avaient déclarés acquis irrévocablement au domaine de l'État, n'au-

raient pas pu en être distraits pour être rendus
à leurs anciens propriétaires. La restitution de
tous les biens non vendus faite indistinctement
suppose l'illégitimité de l'appréhension; cela est
évident.

Mais depuis la restauration, les effets des lois
de confiscation subsistent-ils, à l'égard des propriétaires dépossédés, par le droit dont les auteurs de ces lois étaient investis, ou seulement
par la confirmation royale? Il serait impossible
de prétendre que les effets de ces lois subsistent
par elles-mêmes, et sans la confirmation qu'elles
ont reçue de l'autorité légitime ; autrement il
faudrait admettre comme une conséquence nécessaire , que toutes les lois et décrets de la convention nationale sont encore obligatoires, sans
aucune exception ; et on ne pense pas que personne aujourd'hui pût soutenir une semblable
proposition, dont une des suites serait l'illégitimité du Gouvernement depuis 1814.

On a tellement senti que les ventes des biens
des émigrés ne pouvaient être consolidées que
par l'autorité légitime, que la loi du 5 décembre
1814, qui a ordonné la remise des biens non
vendus des émigrés, maintient par son art. 1ᵉʳ
les droits qui seraient fondés sur les lois et actes

du Gouvernement relatifs à l'émigration ; or, le droit de maintenir suppose le droit d'annuler, suivant la règle de droit, *ejus est non velle, qui potest velle. Leg. 3, ff. de Regul. jur.* Et l'on sait que les plus zélés partisans, et les plus ardens défenseurs des intérêts de la révolution, invoquent plutôt la Charte et les lois rendues depuis la restauration, pour défendre l'irrévocabilité des ventes nationales, que les lois antérieures à la restauration.

D'ailleurs c'est une vérité que l'on ne peut méconnaître, qu'il faut, ou nier le principe tutélaire de la légitimité, et par conséquent ne laisser aucune base solide à l'autorité qui a donné la Charte à la France, ou avouer que tous les actes du Gouvernement de fait qui ont régi la France en l'absence du Roi, sont nuls, et n'ont depuis la restauration, pris d'existence légale que par la sanction que l'autorité légitime leur a donnée.

A l'égard des ventes des biens des émigrés, considérées comme des actes et des promesses ou obligations émanées du Gouvernement de fait, le Roi était entièrement libre de leur accorder ou de leur refuser la sanction royale. C'est un principe universellement admis par tous les publicistes, à l'égard des actes d'un usurpateur, dont l'effet est renfermé au-dedans de l'État même, que le souverain légitime qui rentre dans ses droits, peut les annuler ou les confirmer, autant qu'il le juge à propos pour le bien public. « Et cela a lieu, dit Puffendorf, non-seu- » lement en matière de lois que l'usurpateur a » établies, mais encore à l'égard de ses dona- » tions, ou autres aliénations, dont il ne pou- » vait disposer en faveur de personne, sans » préjudice de l'État et des lois du pays. » (Liv. 8, chap. 12, num. 4.)

« *Contractibus eorum*, dit Grotius, *qui sine* » *jure imperium invaserunt, non tenebuntur* » *populi aut veri reges. Nam jus obligandi po-* » *pulum non habuerunt. Lib.* 2, *cap.* 14, § 14. »

Les souverains légitimes ne sont pas liés par les contrats émanés des usurpateurs qui se sont emparés du pouvoir, parce que ces usurpateurs n'ont jamais eu le droit d'obliger le peuple.

De deux choses l'une, ou les gouvernemens de fait, qui ont exercé le pouvoir pendant la révolution, n'étaient pas des gouvernemens usurpés, et par conséquent, Louis XVIII n'est pas légitime souverain ; ou il est incontestable, selon la doctrine enseignée par Grotius, et par les plus savans publicistes, qu'il n'était pas obligé par les contrats passés avec les gouvernemens qui ont régi la France pendant son absence. Cette obligation n'existait pas d'après le droit commun, puisqu'il a été besoin qu'elle fût stipulée formellement par l'art. 70 de la Charte constitutionnelle, comme une concession faite par l'autorité légitime aux droits acquis de bonne foi par des tiers envers l'État. Cet art. 70 porte : « La dette publique est garantie, toute » espèce d'engagement pris par l'État avec ses » créanciers est inviolable. »

Par la même raison, le souverain légitime n'était pas obligé de maintenir ces confiscations, et par suite les ventes faites par les gouvernemens usurpés, des biens de ses plus fidèles sujets, et des Français injustement dépouillés de leurs propriétés. S'il a cru devoir maintenir ces ventes pour cause d'intérêt public; si, en leur donnant la sanction de l'autorité légitime, il a déclaré qu'il succédait aux engagemens pris envers les acquéreurs, cette sanction a pu suffire, sans doute, pour garantir aux acquéreurs la possession des biens vendus par le gouvernement de fait, mais elle n'a pas pu détruire le droit de propriété dont les anciens et légitimes propriétaires n'ont pu être légalement dépouillés par les lois de confiscation. Ce droit de propriété n'a jamais été, ni pu être anéanti ; il faut le dire, sans crainte, il subsiste toujours tout entier, et ne cessera d'exister que lorsqu'une juste indemnité, c'est-à-dire, une indemnité égale à ce qu'ils ont perdu, aura été payée à ces propriétaires par l'État, dans l'intérêt duquel ont été maintenues les confiscations et les ventes : c'est ce que le conseil va développer en répondant à la seconde question qui lui est soumise.

« La seconde question, qui est de savoir:
» si le souverain légitime a pu valider les ventes
» qui ont été faites des biens confisqués, sans
» accorder une juste indemnité aux anciens pro-
» priétaires, que ces ventes avaient dépouillés?
touche aux plus hautes questions de droit public et de droit civil, le conseil ne craindra pas
de les approfondir.

Les hommes ont renoncé à leur indépen-
dance naturelle pour vivre sous des lois politiques; ils ont renoncé à la communauté naturelle des biens, pour vivre sous des lois civiles.

Ces premières lois leur acquièrent la liberté,
les secondes la propriété.

Les gouvernemens ont été institués pour garantir et maintenir la liberté et la sûreté des
citoyens, et la propriété des biens que les lois
ont établie.

Il est évident que les hommes ne forment
une société politique, et ne se soumettent à ces
lois, que pour leur propre avantage et leur salut.

L'autorité souveraine n'est donc établie que
pour le bien commun de tous les citoyens; et
cette autorité ne change pas de nature, en
passant dans les mains d'un sénat ou d'un mo-

narque ; c'est donc une vérité incontestable,
que le souverain est uniquement établi pour le
salut et l'avantage de la société.

Cicéron soutenait que les lois agraires étaient
funestes , parce que la cité n'était établie que
pour que chacun conservât ses biens.

Il existe plusieurs formes de gouvernemens,
quoique ayant toutes le même but et la même
fin.

Le gouvernement monarchique est celui
dans lequel le prince a la souveraine puissance
qu'il exerce selon des lois établies.

La souveraineté d'un monarque ne porte
aucune atteinte au droit de propriété des sujets.
« Car de dire , dit Bodin , liv. 8 , que les prin-
» ces sont seigneurs de tout , s'entend de la
» droite seigneurie et justice souveraine, de-
» meurant à chacun la possession et propriété
» de ses biens. Ainsi , disait Sénèque, *ad reges
» potestas omnium pertinet ; ad singulos pro-
» prietas*, et peu après, *omnia rex imperio
» possidet, singuli dominio. Senec. De be-
» nefic., cap.* 4 *et* 5. »

Loyseau , dans son *Traité des Seigneuries*,
chap. I , distingue la seigneurie publique d'avec

la seigneurie privée. « Il faut hardiment re-
» marquer, dit ce jurisconsulte, § 33, qu'il
» y a une différence fort importante en l'usage
» de ces deux seigneuries , à savoir, que l'on
» peut user de la seigneurie privée, à discrétion
» et libre volonté; *quilibet enim est liber mo-*
» *derator et arbiter rei suœ*, dit la loi, *in re*
» *mandatâ, cod. mandat.* Pour ce que con-
» sistant en ce qui est nostre, il n'eschet guère
» que nous fassions tort à autruy, en quelque
» façon que nous en usions ; mais pour ce que
» la seigneurie publique concerne les choses
» qui sont à autruy, ou les personnes qui sont
» libres, il en faut user avec raison et justice,
» et celui qui en use à discrétion, empiète et
» usurpe la seigneurie particulière qui ne lui
» appartient pas ; si c'est pour les personnes,
» c'est les tenir pour esclaves; si c'est sur les
» bien, c'est usurper le bien d'autruy.

» Bref, ces deux espèces de seigneuries sont
» entièrement différentes quant à l'effet; car,
» comme la seigneurie privée n'induit point
» de puissance publique, aussi la seigneurie
» publique qui consiste en la justice, n'attribue
» aucune seigneurie privée, et ne diminue au-

» cunement la liberté parfaite du sujet, ou jus-
» ticiable, au contraire elle l'augmente et la
» conserve, comme dit fort bien Dumoulin,
» sur l'art. 2 de la Coustume de Paris, *glos.* 3,
» *num.* 4, *potestas jurisdictionis libertatem*
» *subditorum non minuit, sed auget et tuetur;*
» *quum ad eorum tuitionem, et communem*
» *utilitatem sit introducta.*»

Il y a cependant des circonstances où le souverain, en vertu de ce droit, que les publicistes
appellent droit de *domaine éminent*, peut disposer des biens des particuliers ; mais pour qu'il
y ait lieu à l'application de ce droit de domaine
éminent, il faut le concours de deux circonstances ; la première que les biens des particuliers soient nécessaires pour l'utilité publique ; la seconde, que le particulier dont la propriété est enlevée pour l'intérêt public soit indemnisé par l'État. Ce principe est établi par
Grotius, et tous les publicistes l'ont enseigné
après lui. *Sciendum est posse subditis jus etiam*
quæsitum auferri, per Regem, ex vi super-
eminentis dominii : sed ut id fiat, ex vi super-
eminentis dominii, primùm requiritur utilitas
publica, deindè, ut, si fieri potest, compen-
satio fiat ei qui suum amisit, ex communi.

Vid. Grotius, lib. 2, cap. 14, num. 7 (1).

Du moment, continue Grotius dans le numéro suivant, qu'un droit est acquis légitimement à un sujet, il ne peut, d'après le droit naturel, lui être enlevé ; et si le souverain fait

(1) « Il faut savoir que le roi ou le souverain peut,
» en vertu de son droit de *domaine éminent*, disposer
» du droit acquis aux sujets ; mais pour cela, il faut :
» 1° que l'utilité publique l'exige ; 2°, que le sujet dont
» la propriété a été employée pour le service public soit
» indemnisé par l'État, *si cela est possible : ut, si fieri*
» *potest, compensatio fiat ei qui suum amisit, ex com-*
» *muni.* »

La question peut donc se réduire à ce point de *fait*, l'état des finances de la France permet-il de payer aux anciens propriétaires une indemnité pour leurs biens confisqués et vendus ? Il y a long-temps que cette question a été résolue affirmativement. Non – seulement la situation prospère des finances ne laisse aucun doute sur la possibilité d'acquitter la dette de l'indemnité, mais les meilleurs esprits sont convaincus que l'État trouverait, dans les conséquences nécessaires de cette indemnité, et par la plus value qu'acquerraient tous les biens appelés *nationaux*, un accroissement de revenus qui égalerait la somme annuelle dont le trésor royal serait grevé pour le service de la rente sur le grand livre, qui représenterait l'indemnité payée aux anciens propriétaires ; en sorte que l'État recevrait d'un côté ce

quelque chose au contraire, il est obligé de réparer le dommage qu'il a causé, car il viole le droit du sujet. « *Ubi enim dominium aut* » *jus aliud alicui legitimo modo partum est,* » *id ne sinè causâ ei auferatur juris est natu-* » *ralis; contrà, si rex faciat, haud dubiè te-* » *netur reparare damnum datum : facit* » *enim contrà verum jus subditi.* »

Bodin, liv. 1, chap. 8, décide la même chose, et dans des termes remarquables. « Si » donc le prince souverain n'a pas puissance de » franchir les bornes des lois de nature, que » Dieu, duquel il est l'image, a posées, il ne » pourra aussi prendre le bien d'autruy, sans » cause qui soit juste et raisonnable, soit par

qu'il paierait de l'autre, et, à proprement parler, ne prêterait réellement que son crédit.

Aussi, pour les personnes éclairées et de bonne foi, la question de l'indemnité n'est-elle plus une question de finances ; car les finances de l'État en seraient améliorées, bien loin d'en souffrir aucun dommage ; mais une question de politique, celle de savoir s'il convient de rendre à la classe qui a le plus souffert des confiscations, l'influence qu'elle a perdue par la spoliation de ses propriétés ? On peut consulter à ce sujet le dernier ouvrage publié par M. Guizot, sous le titre de *Moyens d'opposi-tions*, etc. (*Note de l'Éditeur.*)

» achat, ou eschange ou confiscation légitime,
» ou traitant de paix avec l'ennemi, si autre-
» ment elle ne se peut conclure, qu'en prenant
» des biens des particuliers, pour la conser-
» vation de l'État. Et toutefois on doit chercher
» tous les moyens de récompenser la perte des
» uns avec le profit des autres; et s'il ne se
» peut faire sans troubles, on doit prendre les
» deniers de l'espargne ou emprunter, comme
» fit *Aratus*, qui emprunta 60 mille écus pour
» aider à rembourser ceux qui avaient été bannis
» et chassés de leurs biens, qui étaient possédés
» et prescrits par longues années. Cessant donc
» les causes que j'ai dit, le prince ne peut pren-
» dre ni donner le bien d'autruy, sans le con-
» sentement du seigneur, et en tous les dons,
» graces, priviléges et actes du prince, toujours
» la clause, *sauf le droit d'autruy*, est enten-
» due, ore qu'elle ne fût exprimée. »

Puffendorf, liv. 8, chap. 5, § 7, professe la
même doctrine sur le droit de *domaine éminent*, « la nature seule, dit-il, de la souverai-
» neté, qui a été établie pour le bien public,
» autorise suffisamment le prince à se servir,
» dans un besoin pressant, de tout ce que pos-
» sèdent ses sujets, puisque en lui conférant

» l'autorité souveraine, on lui a donné en même
» temps le pouvoir de faire et d'exiger tout ce
» qui est nécessaire pour la conservation et l'a-
» vantage de l'État. Au reste, il est très - juste
» que ceux qui, en ces cas-là, ont employé ou
» sacrifié leurs biens à l'utilité publique, en
» soient dédommagés par l'État, autant qu'il
» est possible. »

Vatel, liv. 1, chap. 20, § 244, donne la même
définition du droit *domaine éminent*. « Le droit
» qui appartient à la société ou au souverain,
» de disposer en cas de nécessité et pour le salut
» public de tout bien renfermé dans l'État,
» s'appelle *domaine éminent*.

» Si le souverain dispose des biens publics,
» en vertu de son *domaine éminent*, l'aliéna-
» tion est valide, comme ayant été faite avec
» un pouvoir suffisant.

» Lorsqu'il dispose de même, dans un be-
» soin, des biens d'une communauté ou d'un
» particulier, l'aliénation sera valable par la
» même raison. Mais la justice demande que
» cette communauté, ou ce particulier soit dé-
» dommagé des deniers publics : et si le trésor
» n'est pas en état de le faire , tous les ci-

» toyens seront obligés d'y contribuer ; car les
» charges de l'État doivent être supportées avec
» égalité, ou dans une juste proportion. Il en
» est de cela comme du jet des marchandises,
» qui se fait pour sauver un vaisseau. »

Les célèbres lois rhodiennes dont la profonde sagesse leur a mérité d'être adoptées par les jurisconsultes romains et d'être encore aujourd'hui la base du droit maritime de toute l'Europe, étaient fondées sur ce principe d'équité naturelle : « Que tous ceux qui ont un intérêt à » ce que le jet fût fait, doivent contribuer proportionnellement à la perte. » *Leg.* 1, *ff. de leg. Rhod.*

On retrouve ce principe dans l'admirable ouvrage de Beaumanoir, qui écrivait sur la jurisprudence, dans le xiie. siècle.

Il dit que, quand un grand chemin ne pouvait être rétabli, on en faisait un autre, le plus près de l'ancien qu'il était possible ; mais qu'on dédommageait les propriétaires aux frais de ceux qui tiraient quelque avantage du chemin.

Le seigneur nommait des prud'hommes pour faire la levée sur le paysan ; les gentilshommes étaient contraints à la contribution par le comte , l'homme d'église par l'évêque. Voyez Beaumanoir. Chap. 22.

Le célèbre Leibnitz , dans la préface *de son Code diplomatique du droit des gens* , fait observer que le *droit de domaine éminent* sur les sujets et sur les propriétés des sujets était connu et pratiqué très-anciennement ; *dominium eminens in subditos eorum veres , nec olim ignoratum fuisse intelligimus* , et il en rapporte un notable exemple en ces termes : « *Di-* » *plom. 122. Union au domaine des places limi-* » *trophes , par Charles VI , roy de France* » (*Ex jure dominii eminentis*). Paris , avril » 1407.

» Charles, par la grâce de Dieu, roy de France » sçavoir faisons à tous présens et advenir : que » *pour* le bien , tuition et défense de nostre » peuple , et l'*utilité de la chose publique* de » nostre royaume, nous *ayons droict* et nous » soit loisible *par puissance souveraine et es-* » *péciale prérogative royale* , de prendre et » appliquer à nostre domaine , les terres , chas- » teaux , ports de mer et autres lieux , estans » en frontière de nos ennemis ; que nous veons » être nécessaires *à la générale garde* , tuition

» et défense de nos subjets , et à la seureté
» universelle de nostre dit royaume, en *fai-*
» *sant condignerécompensation* à ceux desquels
» nous prendrons lesdicts lieux du loyal prix
» et juste valeur d'iceux lieux , et des autres
» intérêts et loyaux coustemens ; et de ce *droit*
» *ayent jouy et usé nos devanciers* roys de
» France , quand nécessité et expédiente utilité
» de la chose publique de nostre royaume l'a
» requis et y est survenue. »

Vid. Leibnitz, *Codex juris gentium diploma-
ticus*, *Diplom.* 122.

Nous terminerons ces citations par le passage
suivant de Montesquieu , qui peut être considéré comme le résumé le plus fort et le plus
lumineux des principes enseignés et développés
par les plus savans publicistes. « C'est un pa-
» ralogisme de dire que le bien particulier doit
» céder au bien public : cela n'a lieu que dans
» les cas où il s'agit de l'empire de la cité , c'est-
» à-dire , de la liberté du citoyen : cela n'a pas
» lieu dans ceux où il est question de la pro-
» priété des biens , parce que le bien public
» est toujours que chacun conserve invariable-
» ment la propriété que lui donnent les lois
» civiles.

» Posons donc pour maxime que, lorsqu'il
» s'agit du bien public, le bien public n'est
» jamais que l'on prive un particulier de son
» bien, ou même qu'on lui en retranche la
» moindre partie par une loi ou un réglement
» politique. Dans ce cas, il faut suivre à la ri-
» gueur la loi civile, qui est le palladium de
» la propriété.

» Ainsi, lorsque le public a besoin du fonds
» d'un particulier, il ne faut jamais agir par
» la rigueur de la loi politique. Mais c'est là
» que doit triompher la loi civile, qui, avec
» des yeux de mère, regarde chaque parti-
» culier comme toute la cité même.

» Si le magistrat politique veut faire quel-
» que édifice, quelque nouveau chemin, il
» faut qu'il indemnise ; le public est, à cet
» égard, comme un particulier qui traite avec
» un particulier. C'est bien assez qu'il puisse
» contraindre un citoyen de lui vendre son hé-
» ritage, et qu'il lui ôte ce grand privilège
» qu'il tient de la loi civile, de ne pouvoir être
» forcé d'aliéner son bien. »

C'est ce droit de *domaine éminent*, réservé
au souverain pour l'intérêt général de la so-

ciété, que l'art. 10 de la Charte constitutionnelle a déclaré et reconnu, non comme nouveau droit introduit par la Charte, mais comme la déclaration d'un droit préexistant. « L'état » peut exiger le sacrifice d'une propriété pour » cause d'utilité publique légalement constatée, » mais avec une indemnité préalable. »

La constitution de 1791, titre 1, disposait aussi que « la constitution garantit l'inviola» bilité des propriétés, ou la juste et préalable » indemnité de celles dont la nécessité publique, » légalement constatée, exigerait le sacrifice. »

Cet article a été reproduit littéralement dans la constitution de l'an 3 (1795), dont il forme le 358ᵉ article ; et ensuite dans la constitution consulaire de l'an 8, et il forme la base de l'art. 545 du Code civil, qui porte : « Nul ne » peut être forcé de céder sa propriété, si ce » n'est pour cause d'utilité publique et moyen» nant une juste et préalable indemnité. »

Maintenant, en combinant ces deux principes, fondemens de toute société civile : 1°
que le *domaine éminent* retenu par le souverain, dans l'intérêt commun de l'État ou de la société, ne prive pas les sujets de leur droit

de propriété ; 2° que le souverain peut disposer des biens particuliers des sujets pour cause d'intérêt public en les indemnisant des deniers de l'État.

On peut en déduire ces trois conséquences : 1°. que le Roi, malgré son droit de *domaine éminent*, n'est pas propriétaire des biens de ses sujets; 2° qu'en vertu de ce droit, il a pu maintenir pour cause d'intérêt public, les ventes des biens des émigrés opérées par les gouvernemens de fait qui avaient usurpé le pouvoir en son absence; 3° qu'il ne l'a pu qu'en accordant, aux anciens propriétaires dépouillés, une juste indemnité.

En effet, ainsi que nous croyons l'avoir prouvé par les plus graves autorités, le droit du souverain, en vertu du *domaine éminent*, se borne à reconnaître et à déclarer qu'il est de l'intérêt public que tel citoyen fasse l'abandon de sa propriété. Ainsi, nul doute que le Roi a pu déclarer qu'il était de l'intérêt public que les émigrés renonçassent à la propriété de leurs biens en faveur de l'État qui les avait vendus sans leur consentement ; mais le souverain ne pouvait exiger cette renonciation des anciens propriétaires à leur droit de propriété, sans leur assurer une juste indemnité : son pouvoir ne s'étendait pas jusque là. La Charte a bien pu maintenir les ventes des biens des émigrés, pour cause d'intérêt public ; c'est-à-dire, que la Charte a transmis aux acquéreurs cet engagement pris envers eux par le Souverain, qu'il ne permettrait pas aux anciens propriétaires l'exercice du droit qui leur était incontestablement acquis, de réclamer la propriété de leurs biens contre les possesseurs ; mais aussi, de leur côté, les anciens propriétaires sont bien fondés à soutenir que l'État n'a pas pu les forcer à renoncer à *leur droit* de propriété, à ce droit qui subsiste toujours plein et entier, sans leur assurer une juste indemnité. Ils sont, à l'égard de l'État, comme serait un particulier dont le champ aurait été pris pour faire un chemin public ; quoique ne pouvant pas user de son droit de propriété pour détruire ce chemin et en interdire l'usage au public, ce particulier aurait cependant le droit de se dire le propriétaire de son champ, et d'en réclamer le paiement contre l'État. Ce droit ne pourrait lui être contesté, sous le prétexte de l'existence des actes administratifs ou législatifs, lesquels auraient déclaré que son champ était nécessaire pour les besoins du public; car les charges de l'État doivent être supportées avec égalité, ou dans une juste proportion; et il serait injuste qu'un citoyen, dont la propriété est utile à l'État, supportât seul une charge dont tout le public profite.

Existerait-il quelque différence entre l'émigré dont les biens ont été vendus, et dont les acquéreurs ont été maintenus par la Charte en possession des biens par eux achetés, et le particulier dont nous venons de parler? Pour que la comparaison soit parfaite, il suffit qu'il soit vrai de dire que l'un et l'autre, dépossédés de fait, ont néanmoins retenu ou conservé le droit de propriété.

Que dit l'émigré? C'est une des règles les plus certaines du droit, que ce qui est à nous ne peut cesser de nous appartenir sans notre fait, *quod nostrum est, sinè facto nostro ad alium transferri non potest, leg.* 11 *ff. de regul. jur.* J'étais propriétaire avant mon émigration, donc je le suis encore, car je n'ai pas concouru à l'aliénation qui a été faite de mes biens; la propriété n'ayant pas pu en être valablement transférée à l'acquéreur, sans mon fait, a donc continué de résider dans ma personne.

Qu'oppose-t-on à l'émigré? Vous n'avez pas, il est vrai, consenti à la vente que l'État ou ses agens m'ont faite de vos biens, mais ce consentement n'était pas nécessaire. Les lois vous en avaient enlevé la propriété, elles les avaient réunis au domaine de l'État; ensuite elles en ont ordonné la vente. La propriété qui, au moment de l'aliénation, résidait dans les mains de l'État, m'a donc été légalement transférée par le consentement des agens que l'État, alors propriétaire de vos biens, avait chargés d'effectuer ces ventes. Je suis un acquéreur de bonne foi, j'ai acquis sous la foi des lois en vigueur au moment de la vente, sous la garantie d'un gouvernement dont l'autorité était reconnue et non contestée, tant en France, que dans les pays étrangers. J'ai payé le prix de la vente à l'État, mon vendeur. D'ailleurs, en admettant quelques vices dans la vente qui m'a été faite par l'État, la longue possession qui l'a suivie suffirait pour les couvrir; et la prescription aurait légitimé la vente en ce qu'elle pourrait avoir eu de vicieux dans son principe.

L'émigré répond : ces lois dont vous vous

prévalez et que vous voulez donner pour base à votre droit de propriété, émanent d'assemblées dont le pouvoir était usurpé, et sont l'œuvre de mandataires qui ont excédé les bornes de leurs mandats, par conséquent, ce que ces assemblées usurpatrices du pouvoir souverain ont décrété est nul, et ne peut produire aucun effet.

Les actes de ces assemblées qui ont prononcé la confiscation, et ensuite la vente de mes biens, ne peuvent pas plus subsister, n'ont pas plus de valeur que les actes de ces mêmes assemblées qui ont aboli la royauté et proscrit le souverain qui règne aujourd'hui sur la France et qui date son règne, de l'époque même où se consommaient les ventes qui vous ont été faites.

Quand on admettrait même que ces assemblées avaient un pouvoir légal, une autorité légitime, les lois de confiscation qu'elles ont rendues ne seraient pas moins illégales, injustes, et hors des pouvoirs de ces assemblées, contraires aux premiers et plus solides fondemens de toute société civile. Faut-il d'autres preuves de l'injustice et de l'illégalité des confiscations, que la restitution des biens confisqués et non vendus faite à leurs anciens propriétaires ? pourquoi a-t-on restitué les biens confisqués, si ce n'est parce qu'on a reconnu que l'appréhension en avait été injuste et illégitime ?

Si mes biens n'avaient pas été vendus, ils m'auraient été restitués, sans nul doute. En quoi la vente qui en a été faite par l'État aurait-elle pu porter atteinte à mon droit de propriété ? Cette vente est, à mon égard, le fait d'un tiers qui, d'après les principes du droit, ne peut pas me préjudicier : *Res inter alios acta nec nocere, nec prodesse potest, leg.* 2, *Cod. res inter alios act.* Cependant c'est cette vente qui est le seul obstacle à la restitution de mes biens : le Roi qui ne reconnaît pas le pouvoir que se sont arrogé les assemblées nationales, et qui, sous beaucoup de rapports, considère les actes de ces assemblées comme illégaux et nuls, a cru devoir maintenir, pour des raisons d'intérêt et d'ordre publics, ces ventes ordonnées, effectuées par des lois émanées d'une autorité usurpée. Cette maintenue des acquéreurs dans leurs acquisitions, opérée par le fait seul de la sanction que le légitime souverain a cru nécessaire de leur donner dans un acte octroyé par lui, n'a pas pu m'enlever mon droit de propriété. Cette sanction n'aurait pu avoir cet effet, qu'en m'assurant une indemnité égale à ce que j'ai perdu. La raison et les lois décident que mon droit de propriété ne subsiste pas moins, quoiqu'on m'impose l'obligation de ne pas attaquer une vente *que je n'ai pas consentie.*

La bonne foi que vous alléguez, n'a pas pu suffire pour détruire mon droit. Suivant les lois, la bonne foi de l'acheteur de l'immeuble appartenant à un mineur, ou à une femme mariée selon le régime dotal, ne purge pas le vice, la nullité de l'aliénation ; quant à votre possession, quelque longue qu'elle soit, elle n'a pas pu servir de base à la prescription, non-seulement par la raison qu'on ne peut pas prescrire lorsque la possession est fondée sur un titre vicieux ; ce que les jurisconsultes expriment par cette maxime de droit, applicable en matière de *prescription,* qu'il vaut mieux ne pas avoir de titre, que d'avoir un titre vicieux, *meliùs est non habere titulum quàm vitiosum*; « le titre d'une nullité absolue, dit *Dunod,* » n'a jamais transféré le domaine, ni pu mettre le possesseur ni ses héritiers en bonne » foi; ainsi, lorsqu'il paraît, l'on n'a aucun

» égard à la possession qui l'a suivie, (Voy. Du-
» nod, *Traité des Prescriptions*, § 11, chap. 8.)
mais j'ajoute : c'est une autre règle en matière
de *prescription*, qu'elle ne court pas contre celui qui ne peut pas agir, *contrà non valen-
tem agere, nulla currit prescriptio*. Or, l'émigré ne pouvait pas agir contre ses acquéreurs
avant la restauration; il ne le peut pas encore
aujourd'hui, d'après les actes du Roi, qui lui
interdisent toute action contre eux.

Le Conseil n'aperçoit aucune réponse solide
en droit à ces raisonnemens de l'émigré.

En résumant ce qui a été dit sur cette seconde question, le Conseil fera ce dilemme,
auquel toute la question peut se réduire : Ou
les ventes des biens des émigrés sont suffisamment validées par les lois de la convention nationale, qui ont prononcé la confiscation des biens
des émigrés et en ont ordonné la vente, et
elles n'ont besoin pour se soutenir d'aucune
sanction de l'autorité légitime : ou ces ventes,
nulles dans leur origine, ne sont inattaquables
aujourd'hui que par suite de la confirmation
que le souverain leur a donnée par la Charte,
et par les actes du Gouvernement royal postérieurs à la restauration.

Dans le premier cas, la confiscation des biens des émigrés et les ventes qui en ont été la suite, étant valables par elles-mêmes, on doit aussi admettre que les autres actes et décrets de la convention nationale, tels que l'abolition de la royauté, l'établissement de la république, *le bannissement à perpétuité* des émigrés et des princes, *l'acquisition* de tous leurs biens à la république, sont obligatoires encore aujourd'hui.

Dans le second cas, les ventes des biens des émigrés ne tirant leur validité que de la Charte, ou des actes du souverain légitime, on peut demander de quel droit le souverain légitime a pu prononcer la validité, ou plutôt la *confirmation* de ces ventes? Si c'est en vertu du droit de *domaine éminent*, et pour cause d'intérêt public, on a établi que ce droit n'oblige le sujet à céder sa propriété qu'à la charge d'une indemnité. Si c'est comme propriétaire des biens vendus, et en cette qualité pouvant suppléer le consentement que les légitimes propriétaires n'ont pas donné aux ventes faites par l'État, alors on reconnaît que le souverain est propriétaire de tous les biens du royaume : cette maxime est celle des despotes, mais on serait embarrassé de la justifier dans une monarchie ordinaire, et particulièrement dans une monarchie constitutionnelle : on ne la trouve enseignée par aucun publiciste; elle serait subversive des fondemens de toute société civile. Quel est l'homme sensé qui consentirait à vivre dans un pays où il serait établi en principe de droit public, que le souverain est propriétaire de tous les biens des sujets, et qu'il peut en disposer à sa volonté, sous le prétexte de l'intérêt public, sans aucune indemnité aux propriétaires qu'il dépouillerait ainsi de leurs propriétés? Dans une monarchie, loin que le souverain soit au-dessus des lois qu'il a lui-même données, son devoir est de les maintenir et de les observer religieusement. Elles sont le fondement de la tranquillité publique et le plus ferme appui de l'autorité souveraine. Nous trouvons cette vérité établie dans un écrit publié pour un prince des plus absolus que l'Europe ait vu régner, pour Louis XIV. « Qu'on ne dise point que le souverain ne soit » pas sujet aux lois de son État, puisque la » proposition contraire est une vérité du droit » des gens, que la flatterie a quelquefois atta-» quée, et que les bons princes ont toujours » défendue comme une divinité tutélaire de

» leurs États. » (*Traité des droits de la Reine sur divers États de la monarchie d'Espagne. 1667. Deuxième partie.*)

Les lois de la monarchie française n'assuraient-elles pas invariablement aux sujets la propriété de leurs biens? ne leur garantissaient-elles pas le droit de ne pouvoir en être dépossédés que pour cause d'intérêt public et à la charge d'une indemnité? Comment en 1814, le Souverain aurait-il pu ne pas être astreint à l'observation de ces lois, et sur quel fondement supposerait-on qu'il a eu le droit de confirmer la vente illégale des biens des émigrés sans aucune indemnité? On doit le dire, pour l'intérêt des principes, pour la conservation du droit de propriété, base fondamentale des empires, le droit du souverain n'allait pas jusque là. Dans les principes de la monarchie antérieurs à la révolution, des actes semblables émanés de l'autorité royale, eussent été nuls, les parlemens se fussent courageusement refusés à les faire exécuter. Or, lorsque le Roi, rentrant en France en 1814, a donné la Charte, qu'il a datée de la dix-neuvième année de son règne, il tirait sans doute son droit de sa naissance et des lois fondamentales de la monarchie française, qui lui déféraient la couronne, car nul ne s'avi-sera de prétendre qu'il a été appelé au trône par cet acte du sénat du mois d'avril 1814, dont les membres avaient cessé d'avoir aucun pouvoir du moment de la destruction du Gouvernement dont ils faisaient partie. Or, ces mêmes lois fon-damentales de la monarchie, qu'on reconnaît n'avoir pas pu être abrogées par les lois des as-semblées nationales ; ces lois qui avaient con-servé les droits du monarque et la légitimité de la maison de Bourbon à la couronne de France, droits sur lesquels repose la Charte octroyée par Sa Majesté Louis XVIII, garan-tissaient aux sujets la propriété de leurs biens. On peut dire que les droits de la couronne et les droits de propriété des sujets, unis entre eux par les mêmes liens, étaient garantis par les mêmes lois.

Ce n'est même pas dire assez; car si on ne peut pas nier que les gouvernemens ne sont établis que pour maintenir le droit de propriété, et pour assurer à chaque citoyen la libre jouis-sance des biens dont les lois civiles lui confèrent la propriété; et si c'est aussi une vérité qu'on ne peut méconnaître, que les droits de succession à la couronne n'ont été introduits qu'en vue du bien public et du salut commun, et pour éviter les troubles dont l'élection d'un souverain ne manque guère d'être accompagnée, il en résulte que le droit de propriété qu'on attribue aux princes, et la légitimité de la couronne, sont encore moins sacrés que le droit de propriété et la légitimité des héritages des particuliers; l'État n'est ni ne peut être un patrimoine, puisque le patrimoine est fait pour le bien du maître, au lieu que le prince n'est établi que pour le bien de l'État.

Le droit de propriété des particuliers pourrait donc subsister sans celui du monarque ou du souverain; ce qui arrive lorsqu'un État monarchique passe à l'État républicain, ou à l'État aristocratique; dans ce cas, le prince perd son droit de propriété à la couronne, et les particuliers conservent le leur ; il ne peut retenir alors que la propriété de ses biens comme tous les autres membres de la cité.

Concluons donc, que si les droits de la maison de Bourbon à la couronne de France, et les prérogatives de la puissance royale ont continué de subsister malgré les lois des assemblées nationales qui les avaient abolies; et que si elles n'ont reçu aucune atteinte ni de ces lois, ni des gouvernemens de fait qui ont régi la France pendant l'absence de son légitime souverain, à tel point, que ces prérogatives et la puissance royale se sont reproduites en France à l'époque de la restauration, comme si l'exercice en avait été seulement suspendu de fait et non de droit, pendant la durée de la révolution, et n'ont reçu, par la Charte émanée du Roi, d'autres limitations à l'autorité de ses prédécesseurs que celles qu'il lui a plu à lui-même de tracer *, à plus forte raison n'ont pas cessé d'exister les droits de propriété des particuliers qui leur étaient maintenus par les lois fondamentales de la monarchie, et pour la garantie desquelles les droits du prince et l'ordre de successibilité au trône avaient été principalement établis.

Les propriétaires dépouillés de fait de la possession de leurs immeubles, par les actes du

---

* « En pleine possession de ses droits héréditaires, » sur ce beau royaume, il ne veut exercer l'autorité » qu'il tient de Dieu et de ses pères, qu'en posant lui-» même les bornes de son pouvoir. » *Discours de* » *M. le Chancelier de France, en présentant la Charte* » *constitutionnelle.*

gouvernement de fait, ont conservé, malgré ces actes, leur droit de propriété sur ces immeubles, comme la maison de Bourbon, dépouillée de fait de la couronne de France, a continué de conserver ses droits sur cette couronne; parce que les mêmes principes qui mettaient les droits de la maison de Bourbon hors des atteintes des actes de ces gouvernemens de fait, et qui faisaient prévaloir les droits de la légitimité, ou de l'ordre de la succession à la couronne, garantissaient les droits de propriété des particuliers. Tout est lié dans l'ordre social, et c'est le même principe de légitimité qui maintient le droit du prince et celui du dernier de ses sujets. Le prince ne peut violer le droit du sujet sans ébranler le sien propre, qui ne lui a été confié, qui n'a été établi que pour le maintien des droits de tous. La légitimité de la couronne qui n'est que le complément et la garantie de toutes les autres légitimités, ne peut pas exister toute seule, elle est la clef de la voûte de l'édifice social, dont les appuis et les fondemens sont la légitimité ou le droit de propriété des particuliers.

Tels sont les principes rigoureux du droit public. Le Conseil ne dissimulera pas toutefois que ces principes peuvent être, dans leur application, susceptibles de quelques modifications importantes. On peut dire que l'intérêt public demandait le rétablissement de l'autorité royale, et que s'il était nécessaire, indispensable, de considérer comme nuls et de nul effet les actes des assemblées nationales qui avaient porté atteinte à cette autorité, au contraire, le même intérêt public et la tranquillité des citoyens semblaient demander que les aliénations des biens des émigrés, faites par les gouvernemens de fait, fussent maintenues par le Roi, comme tous les actes de ces gouvernemens ont été par lui maintenus.

On peut répondre à ces objections, qu'en principe, le souverain n'a pas le droit de maintenir sans indemnité, même pour cause d'utilité publique, les actes du gouvernement de fait qui portent préjudice à des tiers, ce qui rentre dans les principes que le Conseil a développés ci-dessus.

S'il était encore permis d'examiner la question des biens des émigrés sous le rapport de l'intérêt public, peut-être serait-on conduit à reconnaître que le véritable intérêt public était que les acquéreurs des biens des émigrés fussent indemnisés par l'Etat, et que la nullité des ventes nationales fût prononcée, et par suite la restitution des biens en nature aux anciens propriétaires que les lois de la révolution avaient dépouillés, comme on leur a restitué ceux de leurs biens non vendus.

Tout ce que paraissait demander la bonne foi des acquéreurs, et leur confiance dans les gouvernemens de fait qui avaient mis en vente les biens des émigrés, c'était le remboursement des sommes payées par ces acquéreurs, et versées dans les caisses des gouvernemens vendeurs, et les fruits perçus de bonne foi, conformément au principe du droit, qui veut que le possesseur de bonne foi fasse les fruits siens, *bonæ fidei possessor fructus suos facit*; *leg*. *48 ff. de adquirend. rer. domin.* Mais peut-être elle ne demandait pas la conservation des bénéfices résultant de ventes faites à un très-vil prix.

Sous le rapport de la morale et de la religion, c'est un exemple dangereux que celui d'une masse immense de spoliations maintenues dans tous leurs effets en faveur des acquéreurs. On peut consulter à ce sujet le bel ouvrage récemment publié par M. Bergasse, sous le titre d'*Essai sur la propriété.* Sous le rapport de la politique, et quand une secte répandue dans toute l'Europe s'efforce de sapper dans leurs bases les gouvernemens établis, pour les renverser, et de substituer l'esprit de la démocratie à la monarchie, il pourrait être permis de penser qu'il eût été plus utile pour la tranquillité future des états monarchiques dont se compose l'Europe, de ne pas légitimer en France tous les avantages créés par la révolution.

Enfin, sous le rapport de la monarchie, le gouvernement ne se serait-il pas assuré une garantie plus grande dans les anciens propriétaires, dont les familles étaient dévouées à la monarchie, que dans les propriétaires créés depuis la révolution, et par les lois de la révolution ?

Le conseil avouera qu'aux trois considérations d'un ordre supérieur qu'il vient d'indiquer, on peut opposer des raisons graves, tirées du grand nombre de transactions, de ventes, et de partages dont les biens vendus sur les émigrés ont été l'objet; mais il n'hésite pas à penser, qu'on a donné à ces raisons, et par des motifs politiques, plus d'importance qu'elles n'en méritaient. Il aurait certainement été difficile de faire une bonne loi d'indemnités des acquéreurs et possesseurs des biens des émigrés, mais ces difficultés n'auraient pas été insurmontables; ce ne serait pas la première fois que des législateurs auraient été appelés à faire des lois pour régler de semblables intérêts. On se bornera à en citer deux célèbres exemples.

En l'année 1566, et dans les années antérieures, le clergé de France, en vertu des bulles du pape et des lettres-patentes des rois de France, avait aliéné la plus grande partie de ses biens; de semblables aliénations, faites avec le concours des deux puissances temporelle et spirituelle, étaient bien autrement favorables que celles des biens des émigrés: plus *de cent années après ces aliénations*, le clergé demanda à rentrer dans ces biens aliénés, en remboursant aux propriétaires actuels les prix qui avaient été payés par les acquéreurs originaires; on voit dans le préambule de l'édit de Louis XIV du 31 mars 1666, que les possesseurs opposaient à cette demande du clergé les mêmes considérations qu'on fait valoir pour les acquéreurs

des biens des émigrés. « La faculté de rachat,
» y est-il dit, qui pouvait être juste dans les
» premiers temps auxquels les aliénations ont
» été faites, ne le serait plus dans la suite, ayant
» été facile de les retirer de la première main
» avant qu'ils eussent fait souche dans les fa-
» milles, et lorsque la proportion d'entre les
» héritages aliénés, et le prix qui aurait été
» remboursé pouvait encore se rencontrer.

» Mais après que, par une paisible possession,
» affermie par une suite d'années et au-delà de
» la centenaire, que par différens partages et
» sous-partages, ventes volontaires et forcées,
» les biens sont rentrés dans le commerce, et
» se trouvent, par ce moyen, confondus avec le
» patrimoine des familles dont ils font les éta-
» blissemens; que, par la diminution notable
» de la valeur de l'argent, causée par l'abon-
» dance, il n'y ait plus aucune proportion entre
» les biens aliénés et le prix qui en serait rem-
» boursé, la faveur du retrait semblerait devoir
» cesser, et le repos et le bien public l'emporter
» sur les avantages particuliers des ecclésias-
» tiques. »

Nonobstant ces puissantes considérations,
Louis XIV, par un édit du 31 mars 1666,

mantint pendant cinq années la faculté accordée aux ecclésiastiques, par des lettres-patentes du 15 décembre 1566, de rentrer dans leurs biens aliénés, à la charge de rembourser aux détenteurs des biens aliénés le prix de l'aliénation, et les taxes payées pour la confirmation des aliénations.

On peut citer comme un second et célèbre exemple de la restitution aux anciens propriétaires des immeubles confisqués et aliénés, les dispositions des traités de paix de *Nimègue*, de *Risvick*, d'*Utrecht*, de *Rastadt*, que le conseil a rappelés dans la discussion de la première question, lesquelles ont restitué les sujets des puissances belligérantes dans tous leurs biens confisqués par suite de la guerre, sans avoir égard aux ventes que les puissances, en usant du droit de la guerre, en avaient faites à des acheteurs de bonne foi, qui avaient possédé ces biens pendant plusieurs années (1).

(1) « Ceux sur lesquels quelques biens ont été saisis » à l'occasion de ladite guerre, leurs héritiers ou ayans. » cause, de quelque condition ou religion qu'ils puis- » sent être, jouiront d'iceux biens, et en prendront pos- » session de leur autorité privée, et en vertu du présent » traité, sans qu'il leur soit besoin d'avoir recours à la

Aurait-il été plus difficile en 1814 de pourvoir au remboursement des acquéreurs et possesseurs des biens des émigrés, et de juger, d'après le droit commun, les procès élevés à l'occasion de l'exercice de actions recursoires entre les acquéreurs successifs, que cela ne fût difficile, lors du ra-

» justice, nonobstant toutes incorporations au fisc, en-
» gagement, dons en faits, sentences préparatoires ou
» définitives données par défaut, et contumace en l'ab-
» sence des parties et icelles non ouïes, traites, accords
» et transactions, quelques renonciations qui ayent été
» mises ès dites transactions, pour exclure de partie
» desdits biens ceux à qui ils doivent appartenir, et
» tous et chacuns biens et droits qui, conformément au
» présent traité seront restitués, ou doivent être res-
» titués réciproquement aux *premiers propriétaires,*
» *leurs hoirs et ayant-cause,* pourront être vendus par
» *lesdits propriétaires* sans qu'il soit besoin d'impétrer
» pour ce *consentement particulier.* »

Traité de paix de Nimègue, entre Louis XIV et les États-généraux des Provinces-unies des Pays-bas, du 10 août 1678.

Les traités de Riswick, du 20 septembre 1697, et d'Utrecht, du 11 avril 1713, passés entre les mêmes puissances, contiennent, dans leur article 6, des dispositions qui sont littéralement les mêmes que celles de l'article 5 du traité de Nimègue ci-dessus transcrit.

chat des biens aliénés du clergé, après une possession plus que CENTÉNAIRE des biens aliénés,
et après les restitutions stipulées par les traités
de paix précités? où les circonstances politiques
dont la restauration de la maison de Bourbon
a été accompagnée ont-elles dû conseiller de
suivre une autre marche, et d'adopter des principes différens? Ce n'est pas sur cette question
que le conseil est appelé à émettre son opinion,
et il ne lui appartient pas de prononcer sur
une question que le souverain légitime a déci-
dée, et sur laquelle il avait le droit de statuer
de l'intérêt de l'État. La seule question soumise au conseil, et à laquelle, par conséquent,
il doit borner son examen, est de savoir *si le
légitime souverain a pu valider les ventes qui
ont été faites des biens confisqués sur les émigrés, sans assurer aucune indemnité aux anciens propriétaires ?*

Dans cette question, telle qu'elle est posée
dans les mémoires à consulter mis sous les
yeux du conseil, on suppose comme un point
de fait constant, que les ventes des biens des
émigrés ont été validées par la Charte constitutionnelle.

Mais la disposition de la Charte, à laquelle

on attribue la confirmation des ventes des biens des émigrés, augmentée de l'article 10 placé immédiatement après celui qui valide ces ventes, a-t-elle suffi pour valider les ventes à l'égard des anciens propriétaires, sans une juste indemnité? Non, le conseil en a déjà dit les raisons. Parce que le souverain, auteur de la Charte, n'ayant pu valider les aliénations des biens des émigrés, que pour cause de l'intérêt public, et en vertu de son droit de *domaine éminent*, les anciens, les véritables propriétaires, n'ont pas pu être dépouillés de leur droit de propriété par la Charte, sans une indemnité. Il serait même très-extraordinaire que, dans le même acte solemnel, dans lequel le légitime souverain a déclaré comme *droit public des Français*, et non pas comme un droit nouveau, comme une concession par lui octroyée, que « toutes les propriétés sont inviolables; et que » lorsque l'État en exige le sacrifice de la part » du propriétaire, pour intérêt public, ce pro- » priétaire doit être indemnisé par l'État, » le même souverain eût cru pouvoir prononcer la maintenue des ventes des biens des émigrés sans aucune indemnité aux anciens proprié- taires, les seuls légitimes que Louis XVIII pouvait et devait reconnaître, puisqu'ils n'avaient été dépouillés de leurs biens, puisqu'ils n'en avaient perdu la possession, que par des lois émanées des assemblées dont il ne reconnaissait ni le droit, ni l'autorité. Une telle inconséquence ne peut pas être reprochée à la Charte; et il faut bien qu'on ait pensé qu'elle ne garantissait pas complètement les acquéreurs de biens nationaux, puisque cette garantie a été renouvelée depuis la Charte par plusieurs actes du gouvernement du Roi, et par l'article premier de la loi du 5 décembre 1814, relative aux biens non vendus des émigrés, laquelle porte :

« Sont maintenus, et sortiront leur plein et
» entier effet, soit envers l'État, soit envers les
» tiers, tous jugemens et décisions rendus,
» tous actes passés, tous droits acquis avant la
» publication de la Charte constitutionnelle, et
» qui seraient fondés sur des lois ou des actes
» du gouvernement relatifs à l'émigration. »

Cette dernière loi n'avait pas été assez méditée. Elle contient des dispositions contradictoires. D'un côté, elle maintient, par son article premier, tous les droits *acquis* contre les émigrés, et parconséquent elle confirme, autant qu'il est en sa puissance, les aliénations qui ont été faites de leurs biens, sans aucune indemnité aux anciens propriétaires dont l'expropriation est maintenue à leur égard et au profit des acquéreurs et possesseurs; et d'un autre côté, elle ordonne la remise en nature des biens non vendus à ceux qui en étaient les *propriétaires*, ou à leurs héritiers ou ayans-cause.

Le conseiller d'état qui présenta le projet de loi à la chambre des députés, avait dit, dans l'exposé des motifs : « La loi que nous » vous apportons, *reconnaît un droit de pro-* » *priété qui existait toujours*, elle en légalise » la réintégration. »

On ne peut pas douter que le projet de loi n'eût été rédigé dans cet esprit; c'est d'ailleurs ce qui résulte des expressions *restituer* et *restitution*, qu'on lit dans le projet. Ces expressions *restitutions*, qui avaient été employées par la convention nationale, dans la loi du 18 prairial an 3, par laquelle cette assemblée restitua aux familles des condamnés révolutionnairement les biens confisqués sur les condamnés, et qui alors n'avaient été l'objet d'aucune critique, (parce que cette loi était une loi de justice, et non une loi de grâce, comme celle du 5 décembre 1814, et que si l'art. 21 confirmait les ventes faites par la nation, des biens des condamnés, le même article ordonnait la restitution du prix à la famille des condamnés ; et c'est sans doute, par cette raison, que la loi du 18 prairial an 3 ne causa aucune alarme aux acquéreurs des biens des condamnés, parce que le prix des biens payés à la famille du condamné légitimait la vente illegale faite par la nation,) excitèrent en 1814 de vives réclamations de la part de la commission de la chambre des députés, qui proposa de substituer le mot *remise* à celui de *restitution* que contenait le projet de loi.

Cette modification du projet de loi, un peu trop légèrement adoptée, jointe à la disposition impérative de l'article premier de la loi qui maintenait, purement et simplement et sans parler d'indemnité, tous les droits acquis contre les émigrés, a fait naître des doutes sur le véritable caractère de la remise des biens rendus. Suivant l'intérêt des parties, on a soutenu, tantôt que la loi avait fait aux anciens propriétaires une remise de justice, tantôt qu'elle ne leur avait fait qu'une libéralité et une remise de grâce. La jurisprudence des cours royales de France, quelque temps incertaine et contradictoire sur cette question, paraît se prononcer dans le sens que la remise des biens non vendus a été faite à titre de grâce ; on peut citer, parmi les arrêts qui l'ont ainsi jugée, un arrêt de la Cour de cassation, du 29 janvier 1819, dans l'affaire de M. l'abbé Duclaux, contre M. le marquis d'Espinay de Saint-Luc, et un arrêt de la Cour royale de Rouen, du 22 juillet de la même année, dans la même affaire. (Ces deux arrêts sont rapportés dans le *Journal du Palais*) (1).

Ces arrêts ont nettement jugé que les biens non vendus n'étaient rendus aux émigrés qu'à titre de grâce et de libéralité ; et on doit avouer que, si l'on admet que les ventes des biens des émigrés ont pu être maintenues à leur égard *sans indemnité*, l'État qui, dans ce système, était propriétaire des biens non vendus des émigrés, et qui était ainsi pleinement libre de les conserver ou de les rendre, a fait, en les rendant aux anciens propriétaires, une véritable libéralité, suivant la définition que les lois elles-mêmes donnent de la *donation, donari videtur quod*

____

(1) Voyez ces arrêts rapportés textuellement à la fin de la Consultation, sous le n°. 1.

nullo jure cogente conceditur, *leg.* 82, *ff. de Regul. jur.* Tant qu'une indemnité n'aura pas été payée par l'État, à titre de justice, aux émigrés pour leurs biens vendus, sans leur consentement, il sera vrai de dire, *que dans les principes qui ont servi de bases à la loi du* 5 *décembre* 1814, et dans l'esprit de toute la législation française sur cette matière, suivie encore par les tribunaux de France, les biens non vendus des émigrés ne leur ont été rendus qu'à titre de grâce. Les principaux motifs de la jurisprudence qui paraît s'établir dans les Cours royales de France, et dans la Cour de cassation sur cette question, ont été développés par le soussigné, dans une consultation par lui délibérée, le 25 septembre 1819, sur la question des dettes des émigrés : après avoir rappelé les principes du droit sur les caractères des restitutions à titre de grâce ou à titre de justice, le soussigné continuait ainsi, page 34, édition in-4° ; « enfin, nous permettra-t-on encore une
» dernière réflexion, qui nous semble donner
» la raison foncière de la différence que les ju-
» risconsultes et la jurisprudence, que nous
» venons de citer, mettent entre les effets de la
» restitution du condamné par voie de justice,

» et celle du condamné restitué par la grâce du
» prince? Nous dirons que c'est un principe de
» droit certain, que les bénéfices ou les grâces
» accordées par le prince ne peuvent point pré-
» judicier à des tiers. *Leg. 7, cod. de precib.*
« *offerend. leg. 40, ff. de administr. tut.*; et ce
« principe suffit pour décider que le prince,
» en accordant sa grâce au condamné, en le
» restituant contre la peine de la mort civile
» qu'il a encourue, ne peut pas préjudicier aux
» tiers qui possèdent par donation ou par ac-
» quisition les biens qui, par la confiscation,
» avaient été dévolus au fisc : ed même que la
» restitution du condamné ne peut pas le faire
» rentrer dans les successions ouvertes pendant
» sa mort civile, et que d'autres héritiers ont
» recueillies à son défaut; car sa restitution
» priverait un tiers d'un droit acquis.

» Mais il en est autrement quand la resti-
» tution est faite à titre de justice; les biens,
» même ceux aliénés par le fisc, sont restitués
» aux condamnés par les tiers qui les ont acquis
» de bonne foi; parce qu'alors c'est par une es-
» pèce de droit de postliminie que le condamné
» est restitué dans tous ses droits; ses biens,

» par une fiction de droit, sont réputés n'avoir
» jamais été la propriété du fisc; et le fisc,
» n'ayant jamais été légitime propriétaire, n'a
» pu valablement transférer à un tiers la pro-
» priété qu'il n'avait pas suivant la règle de droit.
» *Nemo plus juris in alium transferre potest*
» *quam ipse habet. leg.* 54. *ff. de Regul. jur.*;
» parce qu'alors ce n'est pas un bénéfice du
» prince, qui n'est jamais concédé que sous la
» réserve du droit des tiers, mais une justice,
» un droit réel et antérieur, qui prévaut sur
» un titre qui n'était qu'apparent, et que la loi
» déclare n'avoir jamais existé. C'est pour cette
» raison que les jurisconsultes décident, et que
» les arrêts de nos anciennes cours souveraines
» jugeaient constamment que, dans ce cas, les
» seigneurs hauts-justiciers qui avaient profité
» des confiscations, et les tiers qui avaient acquis
» les biens des condamnés, devaient les resti-
» tuer. (*Voyez Bacquet, des* Droits de Justice,
» *chap.* 16).

» Or, la loi du 5 décembre 1814 n'a pas res-
» titué aux émigrés leurs biens aliénés, ni même
» le prix que le fisc en avait touché; elle n'a
» donc pas fait une remise de justice, mais seu-
» lement une remise de grâce.

Lors de la discussion de la loi de remise des biens non vendus des biens des émigrés en 1814, ceux des opinans qui combattaient le principe énoncé par M. le conseiller-d'État Ferrand, dans l'exposé des motifs du projet de loi : « que la » loi projetée *reconnaissait un droit de pro-* » *priété, qui existait toujours, et en légalisait* » *la réintégration,* et qui demandaient que le mot *restitution,* qui était dans le projet de loi, sèrent fût remplacé par le mot *remise,* ne pen-qu'à la garantie des acquéreurs des biens natio-naux qui leur parut, non sans raison, être com-promise par une disposition législative qui au-rait admis en principe, que l'État, en resti-tuant aux émigrés ceux de leurs biens non vendus ne faisait que « *reconnaître un droit* » *de propriété qui existait toujours ;* » car la conséquence nécessaire de ce principe était que, si le droit de propriété des émigrés avait con-tinué d'exister pour les biens non vendus, mal-gré les lois ou décrets de confiscation qui pro-nonçaient la réunion des biens des émigrés au domaine de l'État, le même droit de propriété des émigrés continuait d'exister pour les biens vendus, malgré les ventes faites par l'État, qui n'avait pas pu transmettre aux acquéreurs

le droit de propriété qu'il n'avait pas, et qu'on reconnaissait avoir toujours existé en faveur des propriétaires anciens. Aussi le rapporteur de la commission, M. Bedoch, chercha-t-il à établir la légalité des confiscations, et la légitimité de la possession des biens des émigrés de la part de l'État. Ce député disait : « L'État est ac-
» tuellement possesseur des biens non vendus
» des émigrés, la possession est fondée sur les
» dispositions d'une loi. Un titre de cette na-
» ture ne caractérise certainement pas une
» usurpation, encore moins un vol. Il légitime
» au contraire la possession.

» Il est sans doute de l'équité que l'État
» rende aux anciens propriétaires tout ce qui
» reste libre dans ses mains; mais cette remise
» volontaire ne peut point être qualifiée *resti-*
» *tution*, dans l'acception qu'on donne ordi-
» nairement à ce mot, dans celle surtout que
» lui donne le Ministre d'État (*). »

(*) On voit que M. le Rapporteur raisonne comme si les assemblées qui ont porté les lois contre les émigrés avaient un pouvoir légal, légitime et non *usurpé*. La possession fondée sur un acte émané d'un pouvoir légis-latif usurpé ne peut pas être légitime, parce qu'il a plu aux auteurs de cet acte de lui donner le nom de loi.
(*Note de l'Editeur*.)

Cette opinion du rapporteur de la commission prévalut, et la loi de remise fut rédigée dans un esprit totalement différent de celui dans lequel elle avait été conçue et présentée par M. le Ministre-d'Etat Ferrand. La majorité de la Chambre des Députés, qui crut, par les modifications qu'elle avait fait subir au projet de loi, donner une nouvelle garantie aux acquéreurs de biens nationaux, ne s'aperçut pas que si, à l'égard des anciens propriétaires dépouillés, les ventes nationales étaient valables par elles-mêmes, et en vertu des lois qui avaient confisqué les biens des émigrés, elles n'avaient pas besoin, pour leur validité, d'une nouvelle loi; et que, si ces ventes étaient nulles envers les anciens propriétaires, la loi nouvelle ne pouvait les valider pour cause d'intérêt public, qu'en indemnisant ces propriétaires. Les législateurs, entraînés par le désir de donner une nouvelle garantie aux acquéreurs de biens nationaux, ne firent pas attention qu'en imprimant à la loi de remise le caractère d'une libéralité, ils allaient mettre entre les mains des émigrés les armes les plus fortes pour repousser les demandes de leurs créanciers en paiement des créances antérieures à l'émigration ; et qu'en rendant

6..

aux anciens propriétaires, à titre nouveau, les immeubles qui leur avaient été confisqués, les hypothèques existantes sur ces immeubles, au temps de la confiscation et du chef des propriétaires, ne pouvaient plus revivre.

D'ailleurs, la loi de décembre 1814 ne relevant les émigrés des effets de la mort civile, que pour l'avenir, et ne faisant la remise des biens non vendus qu'à titre singulier et non à titre universel, et à titre de grâce, les dettes par eux contractées avant leur émigration, et qui avaient été éteintes par leur mort civile suivie de la confiscation de l'universalité de leurs biens, ne pouvaient pas revivre. Ces moyens de libération des émigrés ont été développés par deux jurisconsultes (*), et leur évidence a frappé tous les esprits. Plusieurs tribunaux de première instance, et même deux arrêts de la Cour royale de Dijon, l'un du 12 et l'autre du 14 avril 1821, rendus par deux chambres différentes, ont prononcé la libé-

—————

(*) M. le baron Locré et le soussigné, dans deux consultations délibérées séparément ; la première le 6 février 1819, et la seconde le 25 septembre de la même année.

ration des émigrés, quant aux dettes par eux contractées avant leur émigration. En effet, la libération des émigrés est une conséquence nécessaire de la remise qui leur est faite de leurs biens non vendus, à titre de grâce (2).

Depuis les deux consultations délibérées par M. le baron Locré et par le soussigné, en faveur des émigrés contre leurs créanciers antérieurs à la confiscation, la jurisprudence solennelle du Conseil-d'État, conforme à celle de la Cour de cassation, sur les dettes des communes, est venue donner une nouvelle force aux moyens de droit sur lesquels on peut, dans l'état actuel de la législation, établir d'une manière légale la libération des émigrés. On doit regarder la jurisprudence du Conseil-d'État sur les dettes des communes comme irrévocablement fixée par les deux Ordonnances royales récemment rendues, la première le 10 janvier 1821, contre le sieur *Vinot*, ancien procureur au Parlement de Paris, en faveur de la commune de Landreville ; la seconde, le 22 mars 1821, contre les héritiers *de la Touche-Tréville*, au profit de la ville de Rochefort. Celle de la Cour de

(2) Voyez le texte de ces deux arrêts, n° 2.

cassation dans la même question a été fixée par l'arrêt de la section civile du 25 mai 1819, dans l'affaire du sieur *Lajaubertie* contre la ville de Bordeaux.

Aux deux arrêts de la Cour royale de Dijon que le Conseil vient de citer, et à la jurisprudence du Conseil-d'État et de la Cour de cassation, sur les dettes des communes qui ont une si parfaite analogie avec les dettes des émigrés, il sait qu'on peut opposer un arrêt contraire de la Cour royale de Paris, première Chambre, qui dans l'affaire des héritiers de M. le maréchal de Castries, contre M. le prince Masseran, héritier bénéficiaire de M. le prince Ferdinand de Rohan, a jugé le 23 juillet dernier, que les émigrés rétablis contre la peine de la mort civile par eux encourue, étaient tenus au paiement des dettes par eux contractées à l'époque de la confiscation de leurs biens (3). Mais, outre que les motifs sur lesquels cet arrêt repose, paraissent au Conseil susceptibles des plus graves objections, et qu'ils sont loin de présenter la solidité de principes qu'on remarque dans ceux donnés par les deux arrêts de

(3) Voyez le texte de cet arrêt. n° 3,

Dijon favorables aux émigrés, il peut être permis de penser que la première chambre de la Cour royale de Paris, qui, par son arrêt du 29 juillet 1816, dans l'affaire de l'abbé Duclaux contre M. d'Espinay-de-Saint-Luc (lequel arrêt a été cassé par la Cour de cassation, le 25 janvier 1819), avait jugé que la loi du 5 décembre 1814, en rendant aux émigrés ceux de leurs biens non vendus, leur avait fait *une remise de Justice* (4), a cru devoir persister dans sa jurisprudence, et alors on conçoit que, conséquente avec elle-même, et persistant dans le même principe, elle ait condamné les émigrés au paiement de leurs dettes antérieures à la confiscation.

Il est à remarquer que dans la même Cour, la deuxième chambre a jugé, le 28 mai dernier, dans l'affaire des héritiers de l'abbé *Malafosse*, contre M. le marquis *du Tillet*, héritier de madame de *Barbançon*, que la loi du 5 décembre 1814 a fait aux émigrés ou à leurs héritiers ou ayans-cause, *une remise de grâce*, une libéralité, en leur rendant ceux de leurs biens non vendus (cet arrêt est rapporté au Journal

(4) Voyez le texte de cet arrêt, n° 4.

du Palais, tom. 2, année 1821) (5). Si la question des dettes des émigrés se présentait à cette chambre, il est permis de croire qu'elle y serait résolue en faveur des émigrés, comme une conséquence du principe admis par la même chambre, que la loi du 5 décembre 1814 a fait une remise de grâce.

D'ailleurs, tout ce que l'on peut conclure de l'arrêt de la Cour royale de Paris, première chambre du 23 juillet 1821, en opposition avec ceux de la Cour royale de Dijon, des 12 et 14 avril précédent, et avec la jurisprudence constante du Conseil-d'État et de la Cour de cassation sur les dettes des communes, c'est que la jurisprudence des Cours royales de France sur l'importante question des dettes des émigrés est encore vacillante, que cette jurisprudence n'est pas encore consolidée, et qu'elle ne pourra l'être que par les arrêts de la Cour de cassation. Mais n'est-on pas fondé à dire, que cette Cour semble déjà avoir préjugé la jurisprudence qu'elle adoptera sur la question des dettes des émigrés, en décidant par plusieurs arrêts que la loi du 5 décembre 1814, n'a fait aux émi-

(5) Voyez les notes , n° 5.

grés qu'une *remise de grâce, de libéralité?* que
la remise était faite « non par la voie civile des
successions, mais bien par la voie naturelle de
justice et d'équité, au profit de la famille des
anciens propriétaires? or, si la remise des biens
est faite, non par la voie civile des successions,
mais bien par la voie naturelle de justice et
d'équité, au profit de la famille des anciens
propriétaires, il s'ensuit, comme l'a fait remarquer le soussigné dans sa Consultation du
25 septembre 1819 précitée, que les créanciers
ne peuvent pas invoquer les lois civiles, pour
contraindre les familles des anciens propriétaires à acquitter les dettes que la loi civile des
successions pourrait seule les obliger à payer;
car c'est par la loi civile, et uniquement par
cette loi, que l'héritier est déclaré succéder à
l'universalité des droits laissés par le défunt,
leg. 62 *ff. de Regul. Jur. et leg.* 37 *ff. de adquirend. vel omittend. hæredit.* et qu'il est tenu
de toutes les obligations contractées par celui
auquel il succède, *leg. cod. si cert. petat.* Or,
ce n'est pas par la loi civile des successions que
les familles des anciens propriétaires sont appelés, par un bienfait du prince, à recueillir
les biens non vendus, confisqués sur les émi-

grés; ces familles ne peuvent donc être tenues au paiement des anciennes dettes existantes sur ces biens au temps de la confiscation, qui ne sont dues et ne pourraient être réclamées contre elles qu'en vertu de la loi civile, et dans le cas seulement où la remise des biens se serait opérée par une restitution de justice.

Le Conseil peut donc affirmer qu'il faut, ou que la Cour de cassation réforme la jurisprudence qu'elle a suivie jusqu'à présent sur la nature de la remise des biens faite par la loi du 5 décembre 1814, et qu'elle décide que cette remise a été faite à titre de justice; ce qui, ainsi qu'on l'a fait observer ci-dessus, frappe de nullité toutes les ventes des biens des émigrés, faites par les gouvernemens de fait, et que la Charte ou les actes subséquens du gouvernement du Roi ont déclarées légitimement faites, puisqu'ils les ont maintenues à l'égard des anciens propriétaires, sans aucune indemnité; ou que, si elle persiste dans sa jurisprudence, elle en admette les conséquences nécessaires envers les créanciers des émigrés antérieurs à la confiscation, et à l'égard desquels la libération des débiteurs originaires *est une suite nécessaire de la remise des biens à titre de grâce.*

Cette libération des débiteurs, qui ne choque ni la raison ni l'équité, lorsque l'émigré débiteur, avant la mort civile dont il a été frappé, ne récupère aucun bien, ou seulement une faible partie de ses biens confisqués, confond et choque toutes les idées, dans le cas où le débiteur a retrouvé tout ou la plus grande partie de ses biens. La raison ne peut comprendre que le débiteur, retrouvant ses biens, soit libéré des dettes dont ils étaient grevés, et qui n'ont pas été payées; l'équité se révolte contre une semblable décision des lois. Tant il est vrai qu'une loi fondée sur un principe erroné ne peut pas être, dans toutes ses conséquences, conforme à l'équité; tant il est vrai que le législateur qui sacrifie les principes du droit à des opinions politiques ou à des intérêts du moment, élève un édifice qui, ne reposant sur aucun fondement solide, s'écroule au premier choc. L'arbitraire engendre l'arbitraire, et l'injustice naît de l'injustice qu'on a consacrée, au lieu d'avoir osé la réparer. La marche suivie par les législateurs français, depuis la restauration, sur les ventes des biens des émigrés, est une nouvelle preuve de cette vérité.

Cette conséquence erronée, quoique rigoureusement déduite, du faux principe qui a servi de base à la loi du 5 décembre 1814, ne serait pas la seule que nous pourrions faire remarquer : il en est d'autres et de très-préjudiciables au trésor public, par la manière dont on a effectué certaines restitutions de biens non vendus, qu'on pourrait signaler ici ; mais ce serait introduire une question presque étrangère à celle qui est soumise au Conseil.

On aurait écarté toutes les difficultés nées de la distinction entre la remise à titre de grâce et la remise à titre de justice, et évité les dangereuses incertitudes de la jurisprudence sur les dettes des émigrés, si, en même temps que la loi du 5 décembre 1814 a fait aux émigrés la remise de leurs biens non vendus, elle eût déclaré, comme le proposait le Ministre d'État, M. Ferrand, que la loi ne faisait que reconnaître *un droit de propriété qui existait toujours ;* et si en maintenant, pour cause de l'intérêt public, les ventes des biens des émigrés, elle eût décrété qu'une indemnité serait payée par l'État aux anciens propriétaires dont les biens avaient été vendus.

Mais ces inconvéniens si graves, et qui ont

tous leur source dans l'oubli du principe, que
le souverain ne peut pas valider les ventes illégales sans indemniser les anciens propriétaires,
ne sont pas encore les plus grands. Si l'on considère qu'il importe essentiellement à la garantie
de toutes les propriétés immobiliaires de ne pas
laisser subsister un exemple aussi malheureu-
sement célèbre d'une violation du droit de
propriété, et de détruire l'idée aussi fausse
qu'elle est dangereuse, que les gouvernemens
peuvent disposer de la propriété des particuliers, par des actes ou des lois, il est permis
de s'étonner que le Gouvernement français n'ait
pas encore rendu cet hommage au droit de
propriété.

On trouve dans un édit extrêmement remarquable du roi de Sardaigne, du 22 septembre 1818, en faveur des émigrés du duché
de Savoie et du comté de Nice, la plupart des
principes développés jusqu'ici :

« Dès les premiers momens de notre retour
» dans nos états, nous aurions voulu accorder
» une équitable indemnité à ceux de nos bien-
» aimés sujets du duché de Savoie et du comté
» de Nice, qui par la perte de leur fortune, et

» par toutes les souffrances d'un injuste exil,
» ont donné un si noble exemple de leur dé-
» vouement à leur souverain, et de leur atta-
» chement aux lois de l'honneur et du devoir.

» Si, à l'époque de notre retour dans nos
» Etats, dit ce souverain, le besoin de rendre
» la paix à l'Europe, et la crainte de ne réparer
» des maux que par d'autres maux, nous ont
» déterminé, d'accord avec nos puissans alliés,
» à empêcher, de la part de ces anciens pro-
» priétaires, toute poursuite contre les acqué-
» reurs de leurs biens, notre cœur paternel
» n'a été que plus vivement ému de l'état de
» privation où ils ont été réduits, soit pour *avoir*
» *suivi leurs drapeaux fidèlement, où était leur*
» *véritable domicile,* soit uniquement pour
» s'être réfugiés, dans leur malheur, sous l'é-
» gide du trône de leurs pères, tandis qu'aucune
» partie de nos États ne pouvait être pour ces
» bons et fidèles sujets une terre étrangère.

» Nous étions d'autant plus disposés de venir
» à leur secours, que cette mesure ne peut que
» rappeler à nos peuples cette fidélité, et *cette*
» *antique et religieuse probité* qui furent de
» tout temps l'apanage de nos ancêtres et des
» leurs.

» Il est juste aussi que le souvenir de cet
» acte mémorable de notre bienveillance royale
» se transmette, et rappelle à la postérité que les
» maximes tutélaires qui assurent la stabilité
» de l'ordre légitime, assurent également la
» conservation des patrimoines des familles, et
» les garantissent des tristes effets de cette in-
» satiable cupidité qui accompagne nécessai-
» rement, et rend si funestes toutes les con-
» vulsions politiques (6).

Ces pensées sont élevées et dignes d'un grand
Souverain. On se tromperait, au reste, si au
lieu de voir dans cet édit ce que ses dispositions
textuelles indiquent, c'est-à-dire un acte de
justice rigoureuse, on voulait, abusant de ces
mots, *bienveillance royale*, qu'on lit dans le
préambule de l'édit, n'y voir qu'un acte de
grâce. Ces expressions sont suffisamment ex-
pliquées par l'aveu que fait plus bas le Souverain, que l'indemnité qu'il accorde est *un
acte de juste* libéralité. Ce mot *juste* annonce
assez que le souverain aurait cru manquer au
plus essentiel de ses devoirs, s'il n'avait indem-

(6) Voyez cet édit tout entier, imprimé à la suite de
la Consultation, n° 6.

nisé les propriétaires auxquels il imposait à *re-
gret*, et pour cause d'intérêt public, l'obligation
de n'exercer aucune poursuite contre les acquéreurs de leurs biens. Cet acte de justice est
d'autant plus remarquable que l'État, dont le
Souverain accorde l'indemnité aux expropriés,
n'avait pas profité du prix des biens vendus,
lequel avait été versé dans le trésor public de
France : mais le Souverain légitime du duché
de Nice et du comté de Savoie a reconnu qu'en
validant, pour cause d'intérêt public, les ventes
illégalement faites des biens de ses sujets, il ne
pouvait le faire qu'en les indemnisant. Ce qui
d'ailleurs ne laisse aucun doute que l'indemnité ne soit accordée par l'édit à titre de justice,
c'est que cette indemnité est, à peu de chose
près, égale au revenu des fonds et capitaux perdus, évalués au taux de quatre pour cent.

Sans entrer ici dans les considérations de
haute politique et de finances qui peuvent porter
le gouvernement français à suivre le noble
exemple donné par S. M. le Roi de Sardaigne,
et à proposer une loi d'indemnité en faveur
des propriétaires dépouillés par les lois de confiscation, le Conseil n'hésite pas à déclarer que
cette loi est réclamée pour la sécurité et la ga-

rantie des acquéreurs et possesseurs des biens
des émigrés, pour la sécurité de tous les propriétaires, pour la liberté même des sujets,
qui ne peuvent pas se croire libres dans leurs
personnes, s'ils ne sont assurés par les lois que
leurs propriétés ne leur seront point enlevées,
et si le passé leur laisse de justes sujets d'in-
quiétude sur l'avenir.

La loi d'indemnité est réclamée pour la sécurité et la garantie des acquéreurs et possesseurs des biens des émigrés, vendus par les lois
et décrets des assemblées nationales; car le Conseil a prouvé que le droit des anciens propriétaires existait toujours légalement, et que, tant
que ce droit n'aurait pas été satisfait par le
paiement d'une indemnité de la part de l'État
qui a vendu les biens des émigrés, et qui en
a touché le prix, l'opinion que la propriété
légitime de ces biens n'a pas cessé d'appartenir
aux anciens propriétaires, demeurerait toujours, au préjudice des finances de l'État, l'opinion dominante.

Il a prouvé également que le légitime Souverain était dans l'impuissance de maintenir, pour
cause d'intérêt public, ces ventes nulles dans
leur origine par le défaut de pouvoir dans les

assemblées qui les avaient ordonnées, sans le paiement d'une indemnité ; qu'ainsi, et jusqu'à ce qu'il ait été pleinement satisfait au droit de propriété des anciens propriétaires par cette indemnité ; jusqu'à ce que, par cette voie, on soit parvenu à l'éteindre, les acquéreurs de leurs biens trouvaient dans la sécurité des principes du droit, un obstacle toujours subsistant à ce qu'ils pussent les posséder avec sécurité, d'autant plus qu'ils ne paraissent pas fondés à alléguer la prescription, puisque leur acquisition repose sur un titre vicieux et que les anciens propriétaires n'ont pas été libres de faire valoir leurs droits contre les possesseurs.

Les acquéreurs des biens nationaux, il faut le leur dire et le répéter, plus encore que les propriétaires des biens patrimoniaux, sont intéressés à ce qu'il ne soit pas établi en principe que la majorité d'une assemblée a le droit de disposer de la propriété des citoyens : car, si les assemblées de 1792 et 1795 ont pu légalement déposséder les anciens propriétaires, comment refuser à d'autres assemblées, qui pourraient usurper à leur tour le pouvoir législatif, le droit de rétablir ces anciens propriétaires dans les propriétés dont la révolution les a dépouillés ?

La loi d'indemnité est réclamée pour la sécurité de tous les propriétaires d'immeubles, même patrimoniaux. La Charte a aboli la peine de la confiscation des biens, et elle a défendu de la rétablir (art. 76). Cependant le Conseil pense que la loi d'indemnité serait une plus sûre garantie contre toutes confiscations possibles dans l'avenir, que cet article de la Charte. Les lois de confiscation, injustes et funestes dans tous les temps, le sont encore davantage dans les temps de trouble et d'anarchie ; ce sont les armes les plus dangereuses avec lesquelles les partis se combattent d'abord, et se perpétuent ensuite.

La loi de janvier 1791 avait aussi aboli la confiscation des biens *dans tous les cas ;* et malgré cette loi, quelques années après, et sous les mêmes Gouvernemens qui avaient prononcé l'abolition de la confiscation, ont été décrétées et exécutées les plus grandes confiscations dont l'histoire ait conservé le souvenir. La confiscation avait été abolie par la Charte donnée par Louis XVIII en 1814 ; et une année ne s'était pas écoulée que la confiscation avait été implicitement rétablie par les articles additionnels aux Constitutions de l'empire publiés le 23 avril 1815, dont aucun ne portant l'abolition de la confiscation, laissait subsister cette peine pour les cas dans lesquels le Code pénal impérial la prononçait. Et comment Buonaparte aurait-il voulu abolir la confiscation? lui qui, par son fameux décret de Lyon du 13 mars 1815, avait ordonné la réapposition du séquestre sur tous les biens rendus aux émigrés depuis le 1er avril 1814? Il savait trop bien que les confiscations sont les armes les plus terribles avec lesquelles l'usurpation peut combattre la légitimité.

Ces faits suffisent pour qu'on soit fondé à dire que la disposition de l'article 76 de la Charte peut n'être pas considérée comme une barrière insurmontable au retour des lois de confiscation. La loi d'indemnité, en rendant un hommage éclatant au droit de propriété, en réparant les brèches que les lois de la révolution ont faites à la propriété, en replaçant la société sur sa véritable base, le droit de propriété, aura plus fait pour prévenir le retour des confiscations, que la Charte elle-même par la disposition de son art. 76.

La loi d'indemnité est réclamée pour la liberté des sujets; car il ne peut pas y avoir de liberté pour les personnes dans un pays, où la propriété n'est pas garantie invariablement par les lois.

Ce serait inutilement que les lois d'un État prétendraient assurer la liberté des citoyens, si elles ne leur garantissaient pas leur propriété. La liberté ne peut exister que dans les gouvernemens où le droit de propriété est placé hors des atteintes les plus légères de la part du Souverain. Si on y réfléchit, on sera convaincu que le peuple anglais ne doit la liberté dont il jouit qu'à la puissante protection que les lois anglaises accordent au droit de propriété. La liberté des citoyens n'a plus été qu'un vain mot en France, lorsque la propriété a cessé d'être respectée. On ne doit pas perdre de vue que tous les excès commis contre les personnes, et toutes les lois sanguinaires qui ont couvert la France d'échafauds et de victimes, n'ont eu lieu que parce qu'on avait commencé à violer le droit de propriété.

Quelle force en effet peut avoir un citoyen pour défendre sa liberté, et pour réclamer contre les actes d'un gouvernement arbitraire et tyrannique, lorsque sa propriété peut, à chaque instant, lui être enlevée par les actes de ce gouvernement, sous les prétextes les plus frivoles?

Dans tous les pays, et sous tous les gouvernemens, les confiscations sont odieuses : si l'on
peut dire avec Montesquieu, qu'elles sont utiles
dans les gouvernemens despotiques pour cor-
riger les abus du péculat, c'est toute autre
chose dans les états modérés. « Les confisca-
» tions, dit Montesquieu, rendraient la pro-
» priété des biens incertaine ; elles dépouille-
» raient des enfans innocens ; elles détruiraient
» une famille, lorsqu'il ne s'agit que de punir
» un coupable. (*Esprit des Lois*, liv. 5, cha-
» pitre 15.) »

Mais ce n'est pas dire assez, l'histoire est
pleine des malheurs causés par les abus des lois
de confiscation.

« Aussi, voyons-nous, dit Bodin, que le
» comble de tyrannie extrême a toujours été
» ès confiscations des subjets. Par ce moyen,
» Tibère l'empereur fit ouverture d'une cruelle
» boucherie, laissant la valeur de soixante-sept
» millions d'escus couronne, acquis pour la
» plupart des confiscations. Et après luy ses
» neveux, Caligula et Néron, empereurs,
» ensanglantèrent leurs mains des plus ver-
» tueux et apparens hommes de tout l'empire,
» et la plus part pour les biens qu'ils avoyent.

» Et combien qu'il se peut compter autant
» de bons et vertueux rois en ce royaume, qu'il
» en fût oncques en monarchie de la terre,
» si est ce qu'on y peut voir le domaine n'avoir
» point eu plus grand accroissement que par
» confiscations, ou par donations forcées. Y
» eut-il oncques prince au monde pareil en
» vertu, en piété, intégrité, à nostre roy Saint-
» Louis ? et toutefois par les moyens que j'ai
» dit, ayant faict condamner Pierre de Dreux,
» il confisqua, puis réunist à sa couronne le
» comté de Dreux : comme il fit aussi à Thibaut,
» comte de Champagne et roy de Navarre, qui
» estoit en même danger s'il n'eût quitté Bray,
» Fortione et Monstreuil ; et Raymond, comte
» de Toulouse, le pays de Languedoc ; les pays
» de Guyenne, Anjou, le Maine, Touraine,
» Auvergne, sont venus à la couronne par con-
» fiscations du temps de Philippe le Conqué-
» rant. Le duché d'Alençon et le comté de
» Perche, sont aussi venus au domaine pour
» confications. En pareil cas, Périgord, Pon-
» thieu, la Marche, Angoulesme, l'Isle en
» Jourdain, le Marquisat de Saluces, et tous
» les biens de Charles de Bourbon, et plusieurs
» autres seigneuries particulières qui ont été

» confisquées pour crime de lèze-majesté, sui-
» vant la coutume des autres républiques et les
» lois anciennes. »

(V. Bodin , *de la République*, liv. 5, chapitre 3).

Or, si les confiscations ont pu produire des effets aussi funestes., dans un gouvernement monarchique, et sous des princes bons et vertueux , quels malheurs et quelles injustices ne pourraient-elles pas entraîner dans un État populaire, oumême dans une monarchie, sous des princes faibles ou méchans ?

Un des plus beaux titres de gloire de cet empereur-législateur, *Justinien*, est l'abolition du droit de confiscation par sa Novelle 17, cap. 12 ; c'est à la sage et humaine disposition de cette Novelle, observée dans les pays de droit écrit jusqu'à l'époque de la révolution, que les provinces de France, où ce droit était la loi municipale, sont redevables d'avoir été préservées de la confiscation (*), à la différence des

(*) Dans tous les pays du droit écrit, à la réserve du Languedoc , la confiscation des biens n'avait pas lieu, excepté dans le cas de crime de lèze-majesté divine et humaine. *Voy. Chopin , de Comm. gallic. consuetu. part. 2, chap. 2. art. 3.*

pays de coutume, dans lesquels on suivait la maxime du Droit français : « qui confisque le corps, il confisque les biens, » (art. 183 de la *Coutume de Paris.*)

Quels titres à la reconnaissance éternelle de la postérité n'acquerra donc pas le prince éclairé qui nous gouverne, lorsque après avoir, comme l'empereur Justinien, aboli la confiscation, il aura consolidé et immortalisé son ouvrage par une loi d'indemnité en faveur des propriétaires dépouillés par des confiscations aussi immorales qu'elles étaient illégales ?

Au reste, il ne suffirait pas, pour détruire tous les dangers de l'expropriation que le Conseil a indiqués ci-dessus, de porter une loi d'indemnité en faveur des propriétaires dépouillés : il faudrait encore que cette loi eût un caractère qui avertît de tout le respect qui est dû à la propriété en général, et qui annonçât, avec quelque solennité, que c'est la propriété qui est la base fondamentale des États, et qu'elle ne peut être violée sans préparer des convulsions funestes, et sans que les États soient menacés de leur ruine.

Il est donc important que cette loi ne soit pas une loi de grâce, mais une loi de justice.

Si elle était une loi de grâce, on a assez dit qu'elle détruirait les droits des créanciers des émigrés antérieurs à la confiscation, non liquidés et non payés par l'État; et la loi doit être juste envers les créanciers, comme envers les anciens propriétaires dépouillés : les mêmes maximes de droit public et civil, qui militent en faveur de ces propriétaires, militent également pour leurs créanciers.

Si elle était une loi de grâce, elle ne ferait rien pour satisfaire le droit de propriété violé par les lois de confiscation; car le Souverain, entièrement libre de faire grâce, ne l'est pas de ne pas faire justice, puisqu'il n'est pas libre de forcer un citoyen à céder sa propriété, même pour cause d'intérêt public, sans une juste indemnité.

Or, il n'y a que cette indemnité accordée à titre de justice qui puisse achever de couvrir la nullité dont les ventes des biens illégalement confisqués des émigrés sont viciées, tant par l'absence du consentement des légitimes propriétaires, que par le défaut de pouvoir du Souverain, qui ne pouvait maintenir ces ventes à l'égard des possesseurs et détruire le droit des anciens propriétaires, qu'à la charge d'une juste indemnité.

Enfin si elle était une loi de grâce, on serait autorisé à penser que la fidélité, que le dévouement aux Souverains sont des délits et même des crimes ; qu'aussitôt qu'un pouvoir usurpateur s'élève dans un État et triomphe, ceux qui s'attachent au pouvoir légitime ne peuvent avoir, même alors que celui-ci sort vainqueur de la lutte, d'autre espérance que celle d'une humiliante amnistie, et que lorsqu'un trône est attaqué, ceux-là sont indignes de tout intérêt, qui ne se joignent pas à ceux qui veulent l'abattre.

Qu'on adopte de pareils principes de gouvernement, et bientôt la plus précaire, la plus incertaine de toutes les positions, sera celle des princes qui gouvernent : que, par une supposition que les événemens qui se passent en Europe ne rendent que trop à craindre, tous les trônes de l'Europe soient menacés à la fois, on demande comment les souverains pourraient faire un appel à la loyauté de leurs sujets ? Et n'est-il pas évident qu'alors ils n'auraient rien de mieux à faire pour éviter des dangers personnels, que de renoncer à des couronnes dont ils auraient eux-mêmes brisé les appuis.

Délibéré à Paris par le jurisconsulte soussigné, ancien avocat à la Cour de Cassation, le 20 août 1821.

H. DARD.

FIN.

TEXTE DES ARRÊTS

Rendus par la Cour de cassation, et par les Cours royales, en interprétation de la loi du 5 décembre 1814.

N° 1.   ARRÊT

De la Cour de Cassation, du 25 avril 1819, dans l'affaire de M. le Marquis d'Espinay-Saint-Luc, contre M. l'Abbé Duclaux.

ATTENDU que, lors de la promulgation de la loi du 5 décembre 1814, le domaine de l'État se trouvait propriétaire légal des biens qui avaient été confisqués sur les émigrés, et qui n'avaient été ni vendus ni aliénés par suite des lois sur l'émigration; que la loi du 5 décembre a bien fait cesser, du moment où elle a été publiée, tous les effets de la confiscation sur lesdits biens, mais qu'elle ne les a pas abolis pour le passé, de manière à faire considérer ces biens comme n'étant jamais sortis des mains des anciens propriétaires; que ce fut même pour écarter les doutes qui auraient pu s'élever à cet égard que le mot *restitué*, qui se lisait dans le projet de la loi du 5 décembre, en fut retranché pour y substituer le mot *rendu*; qu'il ne peut donc être question de restitution en entier; d'où suit que les biens confisqués sur les émigrés et réunis au domaine de l'Etat, qui ont été rendus par ladite loi, *ne l'ont été réellement qu'à titre de libéralité;*

Attendu que, pour être habile à recueillir une libéralité, il faut avoir capacité pour la recevoir, et que, dans l'espèce, l'ancien propriétaire et la duchesse de Sully, son héritière, étaient décédés long-temps avant qu'ils pussent profiter du bienfait de la loi; que les biens remis à ce titre ne peuvent dès-lors faire partie de leurs successions, et par suite que l'on ne peut dire qu'il y aura deux successions du même individu, parce que ces biens passeront en d'autres mains qu'entre celles du légataire universel de la duchesse de Sully; que la qualité de légataire universel de la duchesse de Sully, ne donne droit à l'abbé Duclaux qu'aux biens délaissés par la testatrice à son décès, suivant l'art. 1003 du Code civil; et que non-seulement la duchesse de Sully ne possédait pas les biens dont il s'agit à son décès, mais qu'elle n'avait non plus aucun droit de les réclamer; qu'on ne peut admettre la fiction que les biens rendus par la loi du 5 décembre 1814, l'ont été réellement à la succession de la duchesse de Sully, puisque cette fiction aurait pour résultat de donner à cette loi un effet rétroactif, ce qui serait une violation ouverte de l'art. 2 du Code;

Attendu d'ailleurs que la duchesse de Sully n'a légué ni pu léguer à l'abbé Duclaux la propriété des biens qui n'ont été rendus qu'après son décès; que ces biens ne se trouvaient pas en effet nominativement compris dans sa disposition; et que lors même qu'ils y auraient été nominativement compris, ils y auraient été inutilement compris, puisqu'ils se trouvaient être alors irrévocablement réunis au domaine de l'Etat, et que l'art 1021 du Code civil prononce la nullité du legs de la chose d'autrui; que c'est avec aussi peu de raison que l'abbé Duclaux prétend recueillir de son chef les biens rendus par la loi du 5 décembre, attendu qu'il ne le pourrait en sa qualité de légataire universel de la duchesse de Sully, et qu'un représentant ne peut avoir plus de droit que la personne qu'il représente; que si le légataire, lorsqu'il n'y a pas d'héritier à réserve, se trouve placé sur la même ligne que l'héritier naturel, c'est par une fiction de droit qui ne peut être invoquée dans les matières que régit une législation spéciale; qu'aussi, toutes les fois qu'il avait été question de savoir qui devait profiter des remises de confiscation, ou de l'héritier institué, ou de l'héritier du sang, il avait été dans tous les temps déclaré et reconnu, que la remise était faite non par la voie civile des successions, mais bien par la voie naturelle de justice et d'équité, au profit de la famille des anciens propriétaires ; que la loi du 5 décembre 1814 est une loi politique et spéciale, qui doit trouver son interprétation dans les motifs qui l'ont fait rendre, et qu'il n'y aurait eu ni justice ni motifs de convenances et d'équité à rendre les biens confisqués sur les émigrés, pour en gratifier des étrangers à leurs familles. — La Cour casse, etc., etc.

ARRÊT

De la Cour royale de Rouen, du 22 juillet 1819, dans la même affaire.

Vu l'art. 1003 et l'art. 1021 du Code civil, portant, art. 1003, « le legs universel, etc. ; »

Art. 1021, « lorsque le testateur aura légué la chose d'autrui, etc. ; «vu aussi l'art. 2 de la loi du » 5 décembre 1814; tous les biens-immeubles sé-» questrés, etc., etc. ; »

Attendu qu'il n'est pas contesté au procès que le marquis d'Espinay Saint-Luc, partie appelante, est de la famille Timoléon, comte d'Espinay-Saint-Luc de Lignery, décédé en 1799, à Constance en Souabe, durant son émigration, et dont la fille unique avait épousé le duc de Sully ;

Attendu que l'abbé Duclaux, légataire universel de la duchesse de Sully, décédée en France, le 10 juin 1809, ne pouvait être admis à débattre le degré de parenté du marquis d'Espinay-Saint-Luc, avec le comte Timoléon, qu'autant qu'il aurait eu lui-même titre et qualité pour former contre l'appelant la demande en revendication des quatre cents arpens de bois qui font l'objet du litige, lorsqu'il était en état d'émigration; que dès ce moment ils sont devenus la propriété de l'État, et ont été définitivement réunis au domaine public; qu'avant, et lors de son décès, la duchesse de Sully n'avait ni droit, ni action sur lesdits biens, et ne pouvait pas plus les transmettre à titre gratuit qu'à titre onéreux; que, dans le fait, elle n'en a point disposé, qu'ils ne font point partie de l'actif de sa succession, et par conséquent ne sont point entrés dans la matière du legs par elle fait à l'abbé Duclaux;

Attendu que les biens revendiqués n'ont jamais appartenu à la duchesse de Sully, qu'ils ont été frappés de la confiscation dans la main du comte Timoléon, son père;

Attendu que la loi du 5 décembre 1804, est une loi fondée sur le droit naturel et politique, *un acte de munificence et de grâce*, dont l'objet a été de diminuer la perte de la fortune des familles d'émigrés, en leur remettant ceux de leurs biens libres d'engagement ou d'affectation, qu'il était possible de leur rendre sans nuire aux droits des tiers;

Attendu qu'il n'est point entré dans la pensée du législateur d'enrichir des étrangers au préjudice des anciens possesseurs, ou de leurs légitimes représentans; qu'en faisant cette remise, il a eu essentiellement en vue : 1° la personne de l'émigré, au cas où il serait encore vivant; 2° les parens dans l'ordre de leur successibilité; 3° les cessionnaires ou ayant-causes des appelés, c'est-à-dire des successibles existans lors de la remise décrétée, la loi n'ayant point évoqué les morts pour les faire participer au bienfait;

Et vu que l'abbé Duclaux n'est point membre de la famille de Timoléon, comte d'Espinay-Saint-Luc, des biens duquel il s'agit; vu qu'il n'a d'autres titres que celui qu'il tient de la libéralité de la duchesse de Sully, qui n'a jamais été saisie desdits biens, et qui, par son décès antérieur à la loi du 5 décembre 1814, n'a pu lui transmettre, et ne lui a transmis sur eux aucun droit; vu enfin qu'il n'est le représentant ni l'ayant-cause d'aucune des personnes appelées par la loi à les recueillir;

La Cour, parties ouïes, etc., etc., etc.; — Statuant sur l'action de l'abbé Duclaux, le déclare non recevable dans sa demande en revendication.—Et, etc. * —

(*) M. l'Abbé Duclaux s'étant pourvu en cassation contre cet arrêt, son pourvoi a été rejeté par la section des requêtes.

N° 2. ARRÊT

De la Cour royale de Dijon, deuxième Chambre, du 12 avril 1821.

1° L'arrêt du 28 août 1817 a-t-il préjugé en faveur de la demande de l'appelant contre l'intimé?

2° Le Tribunal de Charolles a-t-il bien statué, en déchargeant l'intimé de l'obligation d'acquitter la dette qu'il avait contractée envers l'appelant avant l'émigration du premier?

Considérant, sur la première question, que l'arrêt du 28 août 1817 n'a rien prononcé qui préjuge la contestation agitée aujourd'hui entre les parties, contestation qui était restée pendante au tribunal de Charolles; qu'il ne s'était agi en appel que d'une surséance; que la Cour n'a été ni saisie du fond, ni dans le pouvoir d'y prononcer, puisqu'il n'avait pas subi le premier degré de juridiction;

Considérant, sur la seconde question, que la loi du 28 mars 1793 a déclaré que les émigrés étaient bannis à perpétuité du territoire français, qu'ils étaient morts civilement, et que tous leurs biens étaient acquis à la république;

Que cette peine de mort civile, de bannissement

8..

perpétuel, de confiscation des biens, a assimilé les émigrés aux déportés chez les Romains et aux bannis à perpétuité hors du royaume : bannissement qui, d'après la jurisprudence admise, remplaçait parmi nous la déportation des Romains et en produisait tous les effets;

Que ces principes sont attestés par tous les jurisconsultes et par tous les publicistes, tels que *Voët, Chasseneux, Peregrinus, Hertius, le président Bouhier, Coquille,* et notamment par l'auteur du Répertoire de jurisprudence, dont l'opinion est d'autant plus importante, qu'il a concouru aux actes de la législation sur les émigrés ;

Que ce jurisconsulte, s'expliquant sur la matière) *questions de droit*, verbo *Inscription hypothécaire,*) dit, en parlant d'une personne émigrée: « qu'au moyen » de ce que l'État devient l'héritier universel de tous » ses droits tant actifs que passifs, ses créanciers n'ont « plus d'actions contre elle ; c'est, ajoute-t-il, ce qui » résulte d'une foule de lois romaines qui reçoivent, » comme on voit, une application directe et entière » à l'émigré dont tous les biens ont été confisqués et » mis sous la main du Gouvernement. L'émigré est » donc personnellement quitte envers ses créanciers, » comme l'est envers les siens un condamné à une » peine emportant la mort civile ; »

Considérant qu'il y a d'autant moins de difficulté à le penser ainsi, qu'une loi spéciale du 1er floréal an 5 déclarait les créanciers des émigrés, *créanciers directs* de la République, à l'exception seulement de ceux des émigrés en faillite ou notoirement insolvables, ce qui n'était d'ailleurs qu'une conséquence nécessaire du bannissement perpétuel, de la mort civile et de la confiscation générale de tous les biens des émigrés;

Considérant que le sénatus-consulte du 6 floreal an 10, portant amnistie, ne contient aucune disposition qui soit en contradiction avec les lois anciennes, la jurisprudence française, on pourrait dire la jurisprudence universelle et les lois sur l'émigration : que la seule obligation imposée aux amnistiés est de ne pouvoir, en aucun cas, et sous aucun prétexte, attaquer les partages des successions, présuccessions, ou autres actes et arrangemens faits entre la République et les particuliers, avant la promulgation de cette loi; qu'il suit de là qu'il a confirmé au regard des émigrés tous les effets de la mort civile pour le passé, et qu'il n'a rendu les émigrés à l'état civil que pour l'avenir; que la décharge de l'obligation du débiteur émigré envers son créancier, antérieure à l'émigration, éteinte par la mort civile et par la confiscation générale de ses biens, a été maintenue; que l'action personnelle n'a pu revivre contre lui, et que cette action de la part du créancier, s'il n'a pas encouru la déchéance par sa faute, ne peut s'exercer que contre le confiscataire;

Considérant qu'il n'y a aucune raison de faire état dans la cause des dispositions législatives, relatives aux prorogations de délais des créanciers des condamnés, ou des inscrits mal-à-propos sur la liste des émigrés, à l'effet de prendre des inscriptions hypothécaires après les restitutions faites aux premiers, et la radiation des seconds; que la réintégration des premiers ou de leurs héritiers, et la radiation des seconds, à titre de justice, faisant revivre tous les droits de leurs créanciers sur les débiteurs rétablis dans tous leurs biens, il était de toute nécessité que ces créanciers fussent admis à des mesures conservatoires co-ordonnées avec le nouveau régime hypothécaire introduit pendant le séquestrat;

Que c'est encore vainement que l'appelant a voulu tirer avantage des dispositions du décret du 3 floréal an 11; que ce serait déjà une grande question que celle de savoir si un acte de cette nature pourrait, dans l'état de notre législation, porter atteinte aux lois générales et au droit commun de la France : que si on avait à discuter dans l'espèce de la cause, les dispositions de ce décret, il ne serait pas impossible d'établir qu'elles ne sont applicables qu'aux créanciers des successions remises ou restituées aux émigrés rayés ou amnistiés en vertu de l'art. 2 du même décret; que cette opinion aurait d'autant plus de poids qu'elle paraît être celle de l'ancien secrétaire-général du Conseil d'État, qui a dû connaître mieux que personne l'esprit de ce décret;

Mais que toute discussion sur ce point devient superflue, puisqu'il est constant que cet arrêté n'est pas obligatoire pour les tribunaux auxquels il n'a jamais été adressé; qu'il n'est pas porté au Bulletin des lois; que l'art. 12 de la loi du 8 vendémiaire an 4, et l'avis du Conseil d'État, du 12 prairial an 13, qui subsistent encore dans toute leur vigueur, portent que les actes du Gouvernement ne sont obligatoires qu'autant qu'ils ont été adressés aux tribunaux et publiés;

Que cette doctrine est spécialement professée par l'auteur du *Répertoire de jurisprudence*, dans son réquisitoire à la Cour de cassation, du mois d'août 1811, rapporté au mot *émigration*, tome 15, § 19;

Que cet auteur va beaucoup plus loin; que raisonnant dans l'hypothèse même où cet acte, qui ne contient que des mesures d'ordre pour l'administration, serait devenu obligatoire pour les tribunaux; et revêtu des formalités qui lui manquent, cet arrêté ne porterait aucune atteinte aux dispositions des lois romaines et de la jurisprudence française, dans le sens de la restitution d'une partie des biens;

Considérant qu'il est inutile au surplus, dans l'espèce de la cause, de s'engager dans cette question et de décider si les biens invendus des émigrés ont été rendus à titre de grâce ou de justice ; s'il y a une distinction à faire entre les émigrés rentrés par l'effet du sénatus-consulte de l'an 10, ou par suite de la restauration ; qu'il est constant en effet, dans la cause, que la dette contractée par Mallard envers Picard, avait précédé l'émigration du premier ; que les biens meubles et immeubles de celui-ci ont été vendus en totalité, par suite de la confiscation prononcée contre les émigrés ; que ces biens étaient plus que suffisans pour acquitter les dettes contractées par l'intimé avant qu'il eût quitté le territoire français ; que la créance de l'appelant avait une date certaine avant l'émigration de Mallard ; qu'il a dépendu de ce créancier d'obtenir son paiement ; que l'administration avait admis ses réclamations ; qu'elle l'avait même renvoyé près la liquidation générale des dettes des émigrés, d'après les règles introduites ; que si Picard n'a pas été payé, c'est parce qu'il ne l'a pas voulu ; qu'il s'est exposé à la déchéance, pour n'avoir pas suivi sa demande, et pour ne s'être pas conformé au décret du 25 février 1808 ; qu'il a été surabondamment mis en demeure par un préparatoire du Tribunal de Charolles, pour établir la prétendue insolvabilité de Mallard, à l'époque de son émigration, insolvabilité alléguée dans le principe et abandonnée depuis;

Qu'il suit de là que le tribunal de première instance a fait, par sa décision, une juste application des principes;

Par ces motifs,

La Cour, sans s'arrêter à l'appellation interjetée par Michel-Léon Picard, des jugemens rendus en la cause par le Tribunal civil de Charolles, les 28 janvier et 28 avril 1820, a mis et met ladite appellation à néant;

Ordonne que ce dont est appel sortira son plein et entier effet;

Condamne l'appelant en l'amende de 10 fr. et aux dépens de la cause d'appel.

ARRÊT

De la même Cour, première Chambre, du 14 avril 1821.

La cause ainsi discutée a présenté les questions suivantes à résoudre:

1° Les émigrés rendus à la vie civile par l'ordonnance royale du 21 août 1814, sont-ils personnellement passibles des dettes par eux contractées avant leur émigration?

2° Les mêmes émigrés rentrés en vertu de l'ordonnance de 1814, et à qui il a été rendu des biens par suite de la loi du 5 décembre 1814, sont-ils tenus au paiement de ces mêmes dettes, comme détenteurs des biens précédemment hypothéqués à ces dettes?

Vu les lois des 28 mars 1793, art. 1er, 25 juillet 1793, art. 13, 1er floréal an 3, art. 1er, 24 frimaire an 6, art. 34 et suivans, le sénatus-consulte du 6 floréal de l'an 10, l'arrêté du Gouvernement du 3 floréal an 11, le décret du 25 février 1808, sur la liquidation de la dette publique, l'ordonnance royale du 21 août 1814, et enfin la loi du 5 décembre 1814;

Sur la première question,

Considérant que, par la loi du 28 mars 1793, les émigrés ont été déclarés morts civilement et leurs biens confisqués au profit de l'Etat; que les lois postérieures, et notamment le décret du 28 vendémiaire an 9, qui en a éliminé un grand nombre, le sénatus-consulte du 6 floréal an 10, qui a amnistié tous ceux qui rentreraient sur le territoire français et sous certaines conditions, et enfin l'ordonnance du 21 août 1814, qui a définitivement aboli toutes les inscriptions sur la liste des émigrés, n'ont détruit les effets de la mort civile encourue par les émigrés, que pour l'avenir, et du jour où ces différentes lois ont été rendues, d'où suit la conséquence que la mort civile ayant réellement existé dans le temps intermédiaire entre l'inscription et la radiation, il faut rechercher quels ont été ses effets vis-à-vis des émigrés : or, il est de principe que la succession des morts civilement est ouverte, et que, si elle n'eût pas été frappée de confiscation, leurs héritiers naturels l'eussent recueillie comme s'ils étaient morts naturellement; et comme il est constant que les héritiers naturels, en appréhendant la succession, eussent été tenus de toutes les charges, il s'en suit que l'État qui par la confiscation s'est mis à leur place, est de même tenu de toutes ces charges. D'ailleurs, tous les jurisconsultes qui ont écrit sur la matière, d'accord en cela avec les lois romaines, décident que la mort civile, suivie de confiscation de biens, libère entièrement celui qui l'a encourue des dettes par lui contractées antérieurement, et que ses créanciers n'ont de recours que contre le confiscataire; et cet avis est aussi celui de l'auteur du Répertoire de jurisprudence, ainsi qu'il l'a établi par une foule de citations en son quinzième volume, au mot *émigration*, et en ses questions de droit, au mot *inscription hypothécaire*, dans l'affaire du sieur de Crollebois;

Considérant que cette doctrine est encore d'accord avec les lois qui régissent plus spécialement la matière : en effet, la loi du 25 juillet 1793, déchargeait les biens des émigrés de toutes les dettes et hypothèques qui les grevaient, et celle du 1er floréal an 3 déclarait les créanciers des émigrés *créanciers directs de l'État*, et leur ordonnait de produire leurs titres dans un certain délai, pour être liquidés; dès-lors il y a eu, par la volonté irrésistible du législateur, novation dans la créance; et quand même la mort civile n'aurait pas déchargé de ses dettes celui qui l'avait encourue, l'émigré en aurait été déchargé par l'effet de la loi du 1er floréal an 3, puisqu'elle donnait positivement un nouveau débiteur au créancier de l'émigré, puisqu'elle éteignait toutes les actions personnelles ou réelles, relativement aux émigrés; qu'elle défendait aux créanciers de poursuivre devant les tribunaux celles commencées, ou d'en intenter de nouvelles. Fut-il jamais novation plus formelle et plus clairement exprimée ?

Considérant que l'art. 12 de l'arrêté du 3 floréal an 11, en admettant *les créanciers des émigrés rayés, éliminés ou amnistiés, à demander leur liquidation, s'ils prétendent que leurs débiteurs n'ont reçu aucune restitution de biens, ou qu'ils n'en possèdent pas de suffisans pour les payer,* a implicitement décidé que toute action personnelle était éteinte contre ces émigrés; car si elle fût restée à ses créanciers contre leurs anciens débiteurs, comme ceux-ci pouvaient revenir à meilleure fortune et être en état de payer leurs dettes, l'État ne se serait pas obligé à liquider les créanciers;

Considérant que la loi du 5 décembre 1814, en rendant aux émigrés leurs anciennes propriétés non aliénées par le fisc, a, par son art. 1er maintenu de plus fort toutes les lois et tous les actes du Gouvernement relatifs à l'émigration ; d'où suit la conséquence que les anciens créanciers des émigrés, devenus créanciers du fisc, par la loi du 1er floréal an 3, sont restés tels et ne sont pas devenus créanciers des émigrés, ainsi que l'établit tout aussi doctement M. Merlin dans la même affaire Crollebois ; d'où suit encore la conséquence qu'ils n'ont aucune action personnelle contre ces émigrés, et qu'ils ne peuvent s'adresser qu'au fisc, si toutefois, par l'effet de quelques lois, ils n'ont pas encouru la déchéance qui, étant une espèce de prescription, leur enlève définitivement tout droit.

Sur la seconde question ;

Considérant que les émigrés rendus à la vie civile par l'effet de l'ordonnance du 21 août 1814, ne peuvent, comme détenteurs de leurs anciennes propriétés, être tenus d'acquitter les dettes par eux contractées avant leur mort civile, qu'autant que l'État, confiscataire, y aurait lui-même été tenu à cette époque, et qu'autant qu'en leur remettant, par la loi du 5 décembre 1814, les biens invendus qui leur avaient autrefois appartenu, le législateur leur aurait imposé l'obligation d'acquitter les dettes qui les avaient autrefois grevés ;

Considérant qu'à l'époque du 21 août 1814 l'État n'était plus obligé au paiement des dettes des émigrés; et, en effet, si l'État, comme confiscataire, était, à l'époque des confiscations, naturellement tenu de ces dettes, s'il en était tenu en vertu des lois sur l'émigration, et notamment en vertu de celle du 1er floréal an 3, qui avait déclaré les créanciers des émigrés créanciers directs de l'État, cette obligation avait par lui été soumise à l'accomplissement de quelques obligations dont le défaut devait opérer sa libération; ces obligations étaient la remise des titres de créances, afin que, soumis à une commission de liquidation, ils fussent par elle vérifiés pour être ensuite payés, et ce, sous peine de déchéance, si, dans un délai déterminé, cette production n'était pas faite : délai d'abord fixé à un terme très-court, ensuite prorogé, et enfin fixé définitivement par le décret du 25 février 1808, au 1er janvier 1810, jour auquel la commission de liquidation était dissoute, et les créanciers qui ne s'étaient pas fait liquider, définitivement déchus de leur créance ;

Considérant dès-lors que l'État n'a plus été tenu à aucune des dettes des émigrés, dès-lors ceux des biens qui leur avaient appartenu étaient entièrement libres entre ses mains; dès-lors, en les donnant aux émigrés, il leur en a fait remise dans le même état où il les possédait lui-même; et l'État étant libéré, les émigrés qu'il a mis en son lieu et place le sont comme lui ;

Considérant que vainement prétend-on tirer quelqu'argument du sénatus-consulte du 6 floréal an 10, ou plutôt de l'arrêté du Gouvernement, du 3 floréal an 11, et de la jurisprudence admise par quelques Cours et par celle de cassation, à l'époque de ce sénatus-consulte et de cet arrêté, les créanciers *des émigrés avaient l'intégrité de leurs droits ;* l'État était leur débiteur, et le législateur pouvait certainement, en amnistiant les émigrés, leur imposer l'obligation d'acquitter tout ou partie de leurs dettes. La jurisprudence des arrêts était donc fondée en droit alors ; c'est ce qui est savamment établi par M. Merlin, dans le quinzième volume de son Répertoire, au mot *émigration* ; mais ce qui était légal alors ne le serait plus ; l'État, en 1814, n'était plus obligé envers les créanciers, et les émigrés, qui sont à ses droits, ne sont pas plus obligés que lui.

Tout aussi vainement exciperait-on de l'art. 14 de la loi du 5 décembre 1814. D'abord cet article n'est attributif ni même récognitif d'aucun droit ; il ne fait que suspendre les actions de ceux qui pourraient avoir des droits. Ainsi, sous ce rapport, on pourrait dire qu'il ne préjuge rien ; mais comme cette loi, toute politique, toute de grâce et de faveur, faisait remise à tous les inscrits quelconques sur les listes des émigrés, de la totalité des biens encore dans les mains du fisc, ne faisait aucune distinction des émigrés injustement mis sur la liste et rayés sur la production de certificats de résidence, d'émigrés éliminés, amnistiés, ou enfin de ceux rendus à la vie civile par l'ordonnance du 21 avril 1814; il résulte de ce qui vient d'être dit plus haut, que ces divers émigrés étant dans des catégories différentes, les créanciers des uns pouvaient avoir quelques droits à exercer pendant que les créanciers des derniers définitivement déchus n'en avaient plus aucun.

Enfin, nous avons dit qu'il faudrait qu'en leur faisant remise de ces biens invendus, le législateur leur eût imposé l'obligation d'acquitter les dettes qui les avaient autrefois grevés. Mais loin qu'on puisse voir dans la loi rien d'où on puisse induire, même indirectement, cette obligation, tout, au contraire, y répugne; car l'art. 1ᵉʳ *en maintenant, soit envers l'État, soit envers les tiers, toutes décisions, tous actes passés, tous droits acquis avant la publication de la Charte, et qui seraient fondés sur des lois ou actes du Gouvernement, relatifs à l'émigration*, a évidemment maintenu de plus fort le décret du 25 février 1808, qui déclarait les créanciers déchus, et dès-lors le législateur n'a pu avoir l'intention d'obliger les émigrés rendus à la vie civile par l'ordonnance du 21 août 1814, à payer des dettes qui n'existaient plus : pour le faire, il faudrait qu'il eût d'abord révoqué le décret du 25 février 1808, et autres lois qui ont libéré l'Etat ; qu'il eût relevé de la déchéance ceux des créanciers qui l'avaient encourue, et ensuite qu'il eût nominativement chargé les émigrés de désintéresser ces créanciers, ce qui serait contradictoire avec l'art. 1er de cette loi : loin de là, tout son ensemble montre que le législateur a fait et voulu faire une remise de grâce, une pure libéralité sans aucune condition, un acte de munificence avec des biens libres de toutes charges qui lui appartenaient légalement, et dont il pouvait disposer comme il le voulait ; c'est d'ailleurs ainsi que la Cour de cassation a interprété cette loi, par son arrêt de 1819, dans l'affaire Duclaux.

Concluons donc de tout ce que dessus, que les émigrés rendus à la vie civile par l'Ordonnance du 21 août 1814, ne sont tenus, ni *personnellement*, ni comme détenteurs des biens dont ils avaient été autrefois propriétaires, d'acquitter les dettes dont ils étaient grevés avant leur mort civile.

Par ces motifs,

La Cour, sans s'arrêter à l'appellation interjetée par J.-M. Clermont de Montoison, veuve du marquis de la Guiche, du jugement rendu en la cause par le tribunal de première instance de Dijon, le 31 août 1820, met icelle à néant.

Faisant droit sur l'appellation interjetée par Louis-Philibert-Joseph Joly de Bévy, dudit jugement, met ladite appellation, et ce dont est appel à néant.

Et, par nouveau jugement, renvoie Joly de Bévy des demandes, fins et conclusions de la marquise de la Guiche, et condamne celle-ci aux dépens des causes principales et d'appel, ainsi qu'en l'amende de 10 francs.

Ordonne la restitution de l'amende consignée sur l'appellation du sieur de Bévy.

N° 3. ARRÊT

De la Cour royale de Paris, première Chambre, du 23 juillet 1821, dans l'affaire des héritiers de Castries, *contre les héritiers du Prince de* Rohan.

Considérant que l'ordonnance du Roi, du 21 août 1814, relative aux personnes, la loi du 5 décembre, relative aux biens non vendus, ont eu pour effet nécessaire, en dessaisissant le fisc, de rétablir les rapports primitifs qui existaient entre les débiteurs et leurs créanciers (a); que l'art. 1er de

______

(a) Ne pourrait-on pas soutenir que l'Arrêt fait ici une pétition de principe, et que c'était précisément la question que le procès présentait à décider? *(Note de l'Éditeur.)*

la loi ne dispose que de l'intérêt des tiers-acqué-
reurs, pour la garantie des ventes consommées et la
perpétuité dans l'affranchissement de toutes hypothèques; qu'à l'égard des biens *non vendus*, et
qu'elle remet, la loi, par le sursis imposé seulement
aux créanciers, exprime que la réintégration du débiteur dans ses biens, comprend, par une conséquence invincible du droit, la réintégrande des
créanciers dans toutes actions personnelles et réelles *(b)*; que toute la législation intermédiaire a
proclamé que la mort civile, les déchéances, le
principe de la confusion, n'étaient que dans l'intérêt
exclusif du fisc et des tiers, parmi lesquels, ni les
émigrés, ni leurs créanciers ne peuvent être pla-
cés *(c)*.

(b) Ne pourrait-on pas répondre à ce motif, avec la
Cour de Dijon, que ce sursis n'est attributif, ni même re-
cognitif d'aucun droit; qu'il ne fait que suspendre les actions
de ceux *qui pourraient* avoir des droits, et que ne faisant
revivre aucun droit qui avait cessé d'exister à l'époque de
la loi, ne relevant les créanciers des émigrés d'aucune déchéance, qui aurait pu être acquise contre eux, ce sursis
n'a pas conféré des *droits* au créancier qui n'en avait
pas ou qui les avait perdus ? *(Note de l'Éditeur.)*

(c) Il reste à prouver la *légalité* de ce que l'arrêt appelle
la *législation intermédiaire*, qui au fond ne se compose
que des actes émanés du chef du dernier gouvernement,
et qui ne sont pas revêtus des formes auxquelles les actes

Sans s'arrêter aux fins de non-recevoir proposées par les appelans, a mis et met l'appellation au néant; ordonne que ce dont est appel sortira son plein et entier effet; condamne les appelans à l'amende et aux dépens des causes d'appel, etc.

N° 4.   JUGEMENT

Du Tribunal de première instance de la Seine, du 3 avril 1816, confirmé par Arrêt de la Cour royale de Paris, première Chambre, du 29 juillet suivant, en adoptant les motifs des premiers juges, dans l'affaire de M. le Marquis d'Espinay de Saint-Luc, contre M. l'Abbé Duclaux.

ATTENDU que, par la loi du 5 décembre 1814, les biens-immeubles séquestrés ou confisqués pour cause d'émigration, et qui se trouvent dans le domaine de l'État, sont rendus à ceux qui en étaient propriétaires, à leurs héritiers ou ayans-cause;

de la législation étaient alors soumis pour être obligatoires; et il faut ensuite décider si cette législation est applicable aux biens rendus en vertu d'une loi postérieure dont le premier article maintient expressément la déchéance prononcée contre les créanciers des émigrés devenus les créanciers de l'État. *(Note de l'éditeur.)*

Attendu que cette remise, quant aux biens existans encore en nature dans le domaine public, opère une véritable restitution en entier, en faveur des anciens propriétaires, et efface à leur égard et dans les termes de la remise, toute trace d'émigration, de séquestre ou de confiscation; que, dès-lors, lesdits biens sont censés n'être pas sortis des mains desdits anciens propriétaires, qui les ont transmis à leurs héritiers ou ayans-cause;

Attendu que le marquis d'Espinay de Lignery, propriétaire originaire des bois dont il s'agit, étant décédé en l'année 1799, a laissé pour héritière madame la duchesse de Sully, qui, après avoir accepté sa succession, sous bénéfice d'inventaire, a institué le sieur abbé *Duclaux* son légataire universel;

Attendu que, ce dernier, en cette qualité, est le représentant à titre universel et l'ayant-cause, non-seulement de madame la duchesse de Sully, mais encore du marquis de Lignery, dont la succession bénéficiaire est toute entière confondue dans son legs;

Attendu que, pour admettre la prétention du comte d'Espinay de Saint-Luc, il faudrait supposer qu'à deux époques diverses, éloignées l'une de l'autre, il se serait ouvert, au profit de deux personnes différentes, deux successions du même individu, l'une au moment de son décès, l'autre au jour de la promulgation et par la force de la loi du 5 décembre 1814, ce qui contrarierait diamétralement tous les principes reçus en matière de transmission d'hérédité et renfermés dans cette maxime vulgaire du Droit français, *le mort saisit le vif*;

En conséquence, le tribunal envoie Antoine Duclaux, légataire universel de la dame veuve Béthune de Sully, en pleine propriété, possession et jouissance des bois situés dans le département de la Seine-Inférieure, et de celui dit le Croquet, situé dans le département de l'Oise; condamne d'Espinay de Saint-Luc, à lui délaisser, dans la huitaine de la signification du présent jugement, la possession et jouissance desdits biens; à lui rendre compte des fruits et revenus qu'il aurait pu percevoir en vertu de l'arrêté de la commission qui lui en a attribué l'administration provisoire, etc.

N° 5.   **JUGEMENT**

*Du Tribunal de première instance de la Seine,
du 15 juillet 1820, dans l'affaire des héritiers
de* Barbançon *, contre les héritiers de l'Abbé*
Malafosse *, confirmé par Arrêt de la Cour
royale de Paris , deuxième Chambre , du
28 mai 1821, en adoptant les motifs des premiers juges.*

ATTENDU que les biens dont il s'agit ayant été
exceptés des biens rendus à l'hérédité de M. le
comte de Barbançon , et étant restés dans le domaine de l'État, n'ont pu faire partie de sa succession , ni réellement, ni fictivement ; que la dame
abbesse de Barbançon n'a pu les recueillir ; qu'elle
ne les a pas transmis à l'abbé Malafosse, par le legs
qu'elle lui a fait, n'ayant pu disposer de la chose
d'autrui , ni celui-ci à ses héritiers ;

Attendu que la loi du 5 décembre 1814, prenant
les choses dans l'état où elles étaient, a fait cesser,
non pour le passé , mais pour l'avenir seulement,
l'effet de la confiscation encore existante au moment de sa promulgation ; que , conservant les droits
acquis à des tiers, ceux des émigrés rayés ou non
rayés et les intérêts de l'État , elle a ordonné que

les biens non aliénés seraient rendus en nature aux propriétaires ou à leurs représentans, ou ayans-cause, sans s'exprimer sur les indemnités qui auraient pu être promises antérieurement ;

Que cette disposition *est une véritable libéralité;* que M. le comte de Barbançon et la dame abbesse de Barbançon, son héritière, étant décédés long-temps avant la loi, ceux-là seuls ont aujourd'hu capacité pour la recueillir, qui, au défaut de la dame abbesse de Barbançon, auraient été les plus proches héritiers de M. le comte de Barbançon, au moment de son décès ;

Que les héritiers du Tillet et consorts, pris collectivement, et abstraction faite des droits résultans entre eux, les uns à l'égard des autres, de la plus grande proximité de degré, réunissent seuls ces deux conditions ; qu'ainsi , c'est à leur profit que doit être effectuée la remise ordonnée par la loi du décembre 1814.

N° 6.   ÉDIT ROYAL,

Par lequel SA MAJESTÉ assigne une rente annuelle et perpétuelle de quatre cent mille livres nouvelles, sur les finances royales, en faveur de ceux de ses sujets du Duché de Savoie et du Comté de Nice, qui par suite des lois sur l'émigration, mises en vigueur dans les mêmes Duché de Savoie et Comté de Nice, ont perdu tout ou partie de leur fortune; et donne plusieurs autres dispositions relatives à ce même objet.

En date du 22 Septembre 1818.

VICTOR-EMMANUEL, par la Grace de Dieu, roi de Sardaigne, de Chypre et de Jérusalem, duc de Savoie et de Gênes, prince du Piémont, etc. etc.

Dès les premiers momens de notre retour dans nos États, nous aurions voulu accorder une équitable indemnité à ceux de nos bien-aimés sujets du

Duché de Savoie et du Comté de Nice, qui, par la perte de leur fortune, et par toutes les souffrances d'un injuste exil, ont donné un si noble exemple de leur dévouement à leur Souverain, et de leur attachement aux lois de l'honneur et du devoir.

Si, à cette époque, le besoin de rendre la paix à l'Europe, et la crainte de ne réparer des maux que par d'autres maux, nous ont déterminé, d'accord avec nos puissances alliées, à empêcher, de la part de ces anciens propriétaires, toutes poursuites contre les acquéreurs de leurs biens, notre cœur paternel n'a été que plus vivement ému de l'état de privation où ils ont été réduïts, soit pour avoir suivi fidèlement leurs drapeaux, où était leur véritable domicile, soit uniquement pour s'être réfugiés dans leurs malheurs, sous l'égide du trône de leurs pères, tandis qu'aucune partie de nos états, ne pouvait être pour ces bons et fidèles sujets une terre étrangère.

Nous étions d'autant plus disposés de venir à leur secours, que cette mesure ne peut que rappeler à nos peuples cette fidélité, et cette antique et religieuse probité qui furent de tout temps l'apanage de nos ancêtres et des leurs.

Il est juste aussi que le souvenir de cet acte mémorable de notre bienveillance royale se transmette, et rappelle à la postérité que les maximes tutélaires qui assurent la stabilité de l'ordre légitime, assurent également la conservation des patrimoines des familles, et les garantissent des tristes effets de cette insatiable cupidité, qui accompagne nécessairement et rend si funestes toutes les convulsions politiques.

Pour satisfaire aux sentimens de notre juste affection envers une classe de sujets si intéressante et si zélée, autant que nous le permet l'état de nos finances, nous avons déterminé de leur accorder, à titre d'indemnité, une rente de quatre cent mille livres, représentant, à un sixième près, suivant les aperçus mis sous nos yeux, le revenu en fonds et capitaux par eux perdus dans cette époque de malheurs, dont il importe d'effacer les traces; et nous ne doutons pas que tous nos sujets ne voyent dans cet acte de juste libéralité, et dans les différentes dispositions qu'il renferme, le sentiment qui nous porte à rétablir entre eux cet esprit de famille et cette union loyale et constante, qui ont formé pour une longue suite de siècles le bonheur de nos peuples, sous le Gouvernement paternel de nos augustes prédécesseurs.

A ces causes, par le présent, de notre certaine science et autorité royale, et sur ce, l'avis de notre Conseil, avons déclaré et ordonné, déclarons et ordonnons :

Article 1er

Nous assignons une rente annuelle et perpétuelle

de quatre cent mille livres nouvelles sur nos finances, en faveur de ceux de nos sujets qui, par suite des lois sur l'émigration, mises en vigueur dans le Duché de Savoie et le Comté de Nice, ont perdu tout ou partie de leur fortune ; cette rente qui courra dès le 1ᵉʳ janvier 1819, sera distribuée entre eux ou à leur famille, comme il sera dit ci-après.

Art. II.

Les père et mère, ou autres ascendans des personnes inscrites sur lesdites listes des émigrés, dans nos duchés de Savoie et Nice, qui ont souffert un partage de présuccession, participeront à l'indemnité portée par l'art. 1ᵉʳ.

Art. III.

Si les personnes indiquées aux articles précédens sont décédées, l'indemnité appartiendra à leurs parens régnicoles jusqu'au dégré de cousins-germains inclusivement ; d'abord suivant les dispositions testamentaires desdites personnes, s'il y en a, et à défaut, dans l'ordre de succession légitime établi par nos lois.

Les héritiers des héritiers n'auront aucun droit à notre libéralité, s'ils ne sont parens au dégré ci-dessus des anciens propriétaires (a).

(a) Cette disposition de l'édit pourrait faire considérer l'indemnité accordée aux anciens propriétaires comme

Art. IV.

Les enfans dont l'absence aura donné lieu au partage de présuccession, recevront toute l'indemnité accordée à cet égard à leurs père et mère, ou autres ascendans, s'ils justifient que, dans les partages faits avec leurs co-héritiers, ils ont tenu compte à ceux-ci de ce dont leursdits père et mère, ou autres ascendans, auraient été privés par suite du partage de présuccession.

Art. V.

Les veuves des anciens propriétaires pourront, si elles sont dans le besoin, obtenir sur l'indemnité revenant aux représentans de leurs maris, une jouissance, ou séparément, ou en concours avec eux, suivant les circonstances et le montant de l'indemnité.

Les veuves d'anciens propriétaires, dont il ne reste aucun parent au degré prévu par l'art. 3, pourront obtenir une portion de la rente en propriété, qui ne pourra jamais excéder la moitié de l'indemnité revenant à leurs maris.

Art. VI.

Nous établissons, dans chacune de nos villes de

une libéralité, et non comme un droit, car le droit serait acquis incontestablement aux héritiers des héritiers des anciens propriétaires, pourvu qu'ils fussent dans le degré successible. *(Note de l'éditeur.)*

Chambéry et de Nice, une commission chargée de liquider le montant des pertes réelles de chacune des personnes désignées aux art. 1 et 2.

Elle sera composée pour la Savoie : du

Marquis BUSCA, *premier président du Sénat de Savoie;*

Comte SOMIS, *avocat fiscal général;*

Comte TORNIELLI, *intendant-général du Duché;*

ROZE, *sénateur;*

BAIN, *sénateur.*

Pour le Comté de Nice : du

Chevalier CAMBIASO, *président, chef du Sénat;*

Comte SPITALIERI, *sénateur;*

FASCIO, *sénateur;*

Chevalier BASSI, *sénateur;*

MELIZZANO, *substitut-avocat fiscal général.*

Les membres de chacune de ces commissions pourront délibérer au nombre de trois.

ART. VII.

Nous établissons dans notre ville capitale une délégation centrale chargée d'arrêter définitivement le montant desdites pertes, et de fixer, sous notre approbation, l'indemnité à accorder sur ladite rente, à raison desdites pertes.

Cette délégation sera composée du

Comte VIDUA, *notre ministre d'Etat;*

Comte Serra, *président, chef du Conseil de commerce ;*

Chevalier Giordano, *conseiller au Conseil des finances ;*

Piacenza, *collatéral ;*

Falquet, *sénateur ;*

Comte Gay, *maître auditeur en la Chambre des comptes ;*

Quaranta, *substitut-avocat général.*

Les membres de la délégation pourront délibérer au nombre de cinq.

L'avocat-général au Sénat du Piémont, et le procureur-général à la Chambre des comptes, interviendront aux séances de la délégation, toutes les fois qu'ils le jugeront convenable, dans l'intérêt de leur ministère.

Art. VIII.

Dans les trois mois de la publication du présent, les personnes appelées à notre libéralité, d'après les articles précédens, remettront à l'intendance de leurs domiciles, leurs déclarations détaillées, énonçant les pertes par elles éprouvées, les biens qu'elles auraient recouvrés, et tous autres faits qui seront indiqués dans les instructions que donnera, d'après nos ordres, la délégation centrale, laquelle fera de même connaître les personnes qui pourront faire lesdites déclarations dans l'intérêt des absens, des administrés, ou des divers co-intéressés.

Art. IX.

Ces déclarations seront assermentées et accompagnées des pièces à l'appui, notamment de celles justificatives des qualités des déclarans et des extraits de cadastres, baux et contrats propres à constater la valeur des biens dont lesdites personnes ont été privées : ces déclarations resteront déposées pendant un mois au bureau de l'Intendance, où toute autre personne intéressée, comme ayant droit à l'indemnité, pourra en prendre connaissance et faire toutes les observations qu'elle jugera convenables.

Art. X.

Les intendans enverront les déclarations, observations et pièces à l'appui à la commission; ils pourront y joindre leurs observations particulières.

Art. XI.

La commission examinera les déclarations au fur et à mesure qu'elles lui parviendront. A défaut de bases certaines pour constater la valeur des biens, elle chargera le juge de prendre des informations sommaires et assermentées des syndics, conseillers et cultivateurs notables du lieu de la situation, et des gens de l'art, s'il s'agit des bâtimens : ces informations seront prises par le juge, sur-le-champ et sans frais.

Art. XII.

La commission pourra faire compulser tous les registres des anciennes administrations et des bureaux d'hypothèques, ceux des intendances, et, en général, tous titres et papiers judiciaires et administratifs, propres à lui faire connaître les pertes éprouvées par chaque déclarant ou ses auteurs, et les compensations qui diminuent ces pertes.

Art. XIII.

Après s'être entourée de tous les moyens propres à apprécier les déclarations, elle liquidera la somme à laquelle arrivent les pertes réelles en fonds et capitaux, faites par les personnes désignées aux art. 1 et 2, sous déduction des dettes dont elles ont été libérées par confusion ou par l'inscription sur la dette publique de France, ainsi que des sommes par elles reçues ou à elles promises pour ratifier les ventes ou quittances faites à leur préjudice.

Art. XIV.

La commission adressera successivement les déclarations et pièces à l'appui, avec son arrêté de liquidation, à la délégation centrale ; en joignant son avis sur le montant de l'indemnité, avec désignation des personnes qui doivent la recueillir, ainsi que sur la jouissance qu'il y aurait lieu d'accorder au profit des veuves des anciens propriétaires , aux termes de l'art. 5.

Art. XV.

La délégation centrale pourra demander aux commissions, intendans, juges et autres fonctionnaires, tous renseignemens supplémentaires qu'elle désirerait.

Elle arrêtera définitivement le montant des pertes réelles de chacune des personnes désignées aux art. 1 et 2.

Art. XVI.

La délégation centrale arrêtera ensuite, sous notre approbation, la part à laquelle chacune des personnes désignées aux art. 1 et 2, aura droit sur la rente fixée par ledit art. 1er, et immédiatement après elle délivrera un brevet à compte d'indemnité , d'après les bases suivantes.

Les premières 25,000 liv. nouvelles de pertes ne seront sujettes à aucune réduction.

Les 25,000 liv. suivantes seront sujettes à la réduction d'un quart.

Les 50,000 liv. venant après ces deux premières qualités seront réduites d'un tiers.

Toute somme en sus des premières 100,000 liv. de pertes , sera réduite de moitié : et, attendu que la rente est fixée au 5 pour cent, et que le revenu des biens patrimoniaux, net de toutes contributions, ne peut s'évaluer qu'au 4 pour cent, l'inscription au livre de la dette publique sera réglée de manière que chaque mille livres portées au brevet d'indemnité, ne soient inscrites que pour huit cents, c'est-à-dire pour une rente de quarante livres *(b)*.

Les brevets indiqueront les personnes qui auront droit à ladite indemnité, d'après les dispositions du présent.

En cas de contestations entre divers prétendans, il y sera statué sommairement et sans frais par la délégation centrale, qui prendra même nos ordres à cet égard, dans les cas qui lui paraîtront vraiment douteux.

Art. XVII.

Les brevets à compte étant tous délivrés, le surplus de la rente sera réparti par la délégation centrale, en faveur de ceux qui auront souffert une réduction au marc la livre, des sommes accordées par le brevet, à compte de l'indemnité.

Art. XVIII.

Le résultat de tout le travail de la délégation sera

(b) Cette disposition, de même que celle de l'article 3, donne à l'édit le caractère d'une loi de grâce, d'une libéralité, lorsque l'intérêt du droit de propriété demandait que l'indemnité eût tous les caractères d'une loi de justice rigoureuse.   (*Note de l'Éditeur.*)

soumis à notre approbation, après laquelle les brevets définitifs seront délivrés.

Notre approbation des arrêtés de la délégation centrale, ainsi que tous nos ordres dans les cas prévus par le présent édit, seront transmis à ladite délégation par l'intermédiaire de notre premier secrétaire d'État pour les affaires internes.

Art. XIX.

Les droits des créanciers pour titres antérieurs au 21 mai 1814, sur la rente accordée à leur débiteur, tant qu'elle reste entre ses mains, sont réglés comme suit :

1° Les créanciers ne pourront saisir la rente que pour le capital de leurs créances, réduit d'abord d'un cinquième, à l'instar du capital de ladite rente.

2° Les créanciers ne pourront attaquer la rente de mille livres accordées en indemnité intégrale, qu'après avoir épuisé l'indemnité excédant cette première quantité, et ils devront subir, sur leur créance, la même réduction, qu'aura subie le débiteur sur le DROIT excédant.

3° Lorsque cet excédant ne suffira pas pour payer tous les capitaux ainsi réduits, les créanciers pourront, pour le restant de leurs créances, saisir ladite rente d'indemnité intégrale.

Mais, dans ce cas, toute indemnité sera insaisissable jusqu'à concurrence de 5oo liv. de rente.

4° Si les créances excèdent le montant des sommes saisissables, les créanciers supporteront entre eux la perte, au marc la livre, sans préférence ni privilége en faveur d'aucun.

5° Les dispositions du présent article n'empêchent point ces créanciers d'exercer leurs actions intégrales sur les autres biens de leurs débiteurs.

Les saisies, dont il est parlé ci-dessus, devront être faites en conformité des dispositions de nos lois concernant la dette publique.

A cet effet, les créanciers devront justifier de leurs titres, soit à la commission, soit à la délégation centrale, avant la délivrance des brevets d'indemnité, pour que cette délivrance n'ait lieu qu'à la charge de leur opposition (c).

(c) Il semble que l'édit n'aurait dû prononcer que sur les créanciers dont le titre était antérieur à la confiscation des biens, et que les dispositions de l'édit, relatives aux créanciers, auraient dû être restreintes aux créances de cette espèce; car les dettes contractées par le débiteur, postérieurement à la confiscation qu'il a subie de l'universalité de ses biens, rentrent dans le droit commun, suivant lequel tous les biens du débiteur sont affectés au paiement de ses dettes.

Nous pensons aussi que les dispositions de l'article 19, au lieu de laisser au créancier de l'émigré le droit de demander les intérêts de la portion de sa créance qui se trouve éteinte par la part de l'indemnité que l'édit lui

Art. XX.

Les détenteurs des biens aliénés au préjudice des personnes désignées aux art. 1 et 2 qui, pour effacer tout souvenir des divisions passées, voudraient abandonner tout ou partie desdits biens aux anciens propriétaires ou à ceux qui les représentent d'après les règles ci-dessus établies, pourront être subrogés, du consentement desdites personnes, à leurs droits et à leurs indemnités.

Ces arrangemens, et tous autres relatifs, seront traités à l'amiable par les commissaires, sans préjudice des droits acquis à des tiers sur ces mêmes biens.

Art. XXI.

Les actes qui seront passés ensuite de l'article précédent, ne seront soumis pour l'insinuation qu'à un droit fixe d'une livre.

Les déclarations, observations, pièces à l'appui,

accorde, aurait pu et peut-être dû déclarer ce créancier déchu de ce droit pour tout le temps qui a précédé celui à dater duquel court la jouissance de la rente.

Quant au droit de demander, sur les autres biens du débiteur, la partie de la créance à laquelle l'indemnité n'a pas pu satisfaire, il était juste de le réserver au créancier.

informations, extraits de cadastre et des hypothèques, les registres et extraits des registres de la
délégation, des commissions, intendances et des
juges, les brevets d'indemnité, et en général toutes
pièces ayant pour objet l'exécution du présent,
autre que l'art. 20, pourront être faits sur papier
libre; les secrétaires et fonctionnaires publics fe-
ront mention, au bas de la pièce, de sa destination;
ces pièces ne pourront être employées à aucun
autre usage.

Mandons et ordonnons à notre Sénat de Savoie
et à la Chambre des comptes, d'entériner le présent, pour l'observer et faire observer suivant sa
forme et teneur, voulant qu'à la copie imprimée
par l'imprimerie de notre Gouvernement, en Savoie, la même foi soit ajoutée comme à l'original;
car tel est notre bon plaisir.

Donné à Turin, le 22 du mois de septembre,
l'an de grâce 1818, et de notre règne le dix-septième.

V. EMMANUEL,

*D. Gattinara, V. Brignole, V. Corte,
Borgorelli.*